Alph von Dittmar

Über die Zone Avicula Contorta Portl

Alph von Dittmar

Über die Zone Avicula Contorta Portl

ISBN/EAN: 9783744690058

Hergestellt in Europa, USA, Kanada, Australien, Japan

Cover: Foto ©Suzi / pixelio.de

Weitere Bücher finden Sie auf **www.hansebooks.com**

ÜBER DIE
ZONE DER AVICULA CONTORTA PORTL.

INAUGURAL-DISSERTATION

VON

A. v. DITTMAR.

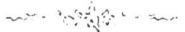

MÜNCHEN
DRUCK VON F. STRAUB
1864.

Als im Jahre 1828 L. v. Buch der Schichten mit *Avicula inaequivalvis* und *Gervillia pernoides* vom Hirchberg und der Gruberalpe bei Tegernsee erwähnte, dachte wol Niemand, dass hier die erste Andeutung von einem Niveau gegeben war, das an Verbreitung und Wichtigkeit als geognostischer Horizont kaum von einem andern dürfte übertroffen werden, wie dies die nachfolgenden jahrelangen geistreichen Forschungen gelehrt haben.

v. Alberti entdeckte 1836 bei Tübingen in Württemberg eine dünne Sandsteinschicht mit zahlreichen *Knochenbreccien* und einigen Steinkernen von *Zweischalern* und man lernte bald, diese Schicht mit dem englischen bonebed identificiren; aber erst im Jahre 1856 machten Oppel und Suess darauf aufmerksam, wie vollständig die Bivalven und einige Knochenreste aus dem schwäbischen Bonebedsandstein mit den Fossilien der seitdem durch Escher von der Linth, Schafhäutl und Emmrich genauer untersuchten Gervillienschichten von Kössen übereinstimmten. Damit war denn wieder eine ganz neue Anregung gegeben zum Studium von „Aequivalenten der kössner Schichten," zu scrupulösester Vergleichung der Vorkommnisse in verschiedenen Gegenden und zu Aufsuchung immer neuer Localitäten an denen sich diese bisher so wenig beachtete Zone finden möchte. Das Resultat dieser Forschungen war ein glänzendes, es übertraf alle gehegten

Erwartungen. Man fand die gesuchte Schicht, immer mit den gleichen zahlreichen leitenden Petrefacten erfüllt, in ganz Deutschland, in England, Norwegen, Schweden, Böhmen, Ungarn, in der Lombardei und dem südöstlichen Frankreich, — an allen nördlicheren Localitäten freilich mehr oder weniger nur als dünne, leicht übersehbare Zone, in den Alpen und der Lombardei jedoch in ungeheurer Mächtigkeit, ganze Berge zusammensetzend. An Versteinerungen mangelt es, wie gesagt, nirgends: hier sind es, wie in Württemberg und England die zusammengehäuften Bruchstücke zahlloser *Zähne*, und *Flossenstacheln* von *Fischen* und *Sauriern*, dort wimmelt es von *Zweischalern*, besonders *Avicula*, *Gervillien* und *Pecten*, wie in den bairischen und lombardischen Alpen, in Württemberg und Frankreich, und anderswo wieder herrschen überwiegend *Pflanzenreste* vor die uns auf Zusammenschwemmungen an den Mündungen grosser Ströme schliessen lassen, wie in Schweden, in Franken und vielleicht den Grestner Schichten der Alpen, — allüberall aber findet sich als sicherer Wegweiser und Leitstern die **Avicula contorta** Portl., so dass man, gewiss mit Recht, die in Rede stehenden Schichten als Zone der Avicula contorta oder kürzer als „**Contortaschichten**" bezeichnen kann. Die übrigen zahlreichen Namen, welche diese Zone erhalten hat, erscheinen mehr oder weniger ungenügend, weil einseitig. Benennungen nach typischen Localitäten genügen bei einer so weit verbreiteten und verschiedenartig entwickelten Zone, wie die in Rede stehende, nicht ganz, weil sie den Blick zu sehr auf eine specielle Entwicklungsart lenken (Tübinger Sandstein, Dachsteinkalk, Starhembergschichten, kössener Schichten, couches de l'Azzarola, rhätische Gruppe); auch Namen die eine bestimmte Beziehung zu einer ganzen Formationsreihe andeuten sind hier noch zu vermeiden, solange der Streit über die Zugehörigkeit zum Lias oder zur Trias noch nicht endgiltig entschieden ist (Infralias, Lias inférieur, Epitrias, oberer Muschelkeuper, Oberkeuper) und endlich befriedigen auch Bezeichnungen nicht, die von organischen Resten hergenommen sind welche nur in einzelnen Entwicklungszonen zahlreich auftreten (bone-bed, Gervillienschichten). Dies die Motive, die mich veranlassen, jene zwischen

Keuper und Lias auftretenden versteinerungsreichen Schichten mit dem Namen der „Contortaschichten" zu bezeichnen. Die Aufgabe der vorliegenden Arbeit soll es sein, die Verbreitung dieses Schichtencomplexes nachzuweisen und seine verschiedenen Entwicklungsformen vergleichend zu schildern, so weit ich sie aus den Beschreibungen zahlreicher Autoren oder aus eigner Anschauung kennen gelernt habe, um schliesslich einen Beitrag zur Lösung der Frage über die geologische Stellung derselben: ob Trias, ob Jura? — zu geben.

Denjenigen, die sich über die organischen Ueberreste der Contortazone näher informiren wollen, dürfte die Anfügung der vergleichenden kritischen Zusammenstellung derselben, wie ich sie zunächst für meinen eignen Gebrauch entwarf, nicht unwillkommen sein.

Auf dem beiliegenden Kärtchen habe ich endlich alle jene Orte zu sammeln und zu verzeichnen gesucht, an denen unsere Contortazone von den verschiedenen Forschern wirklich beobachtet worden ist und zugleich jene Striche am Rande der obersten Keuperbildungen, wo aller Wahrscheinlichkeit nach, dieselbe Schicht gefunden werden könnte, durch punctirte Linien angedeutet, so dass also das wirklich als vorhanden festgestellte, leicht und vollständig von dem muthmasslichen unterschieden werden kann. Die hellrothe Schraffirung deutet die Lage der älteren Formationen an, insofern sie sedimentären Ursprungs sind. Ich würde ihre Umrisse gern für die des einstigen Festlandes zur Zeit der Ablagerung der Contortaschichten ansehen, wenn nicht das ungewisse Alter der centralfranzösischen und alpinen plutonischen Gebilde eine solche Annahme zur Zeit noch der Sicherheit entbehren liesse.

Geographische Verbreitung der Contortaschichten.

Bei der Betrachtung der Schichtencomplexe, in denen die *Avicula contorta* leitend ist, bemerken wir, sobald wir ihre Verbreitung über ein grösseres geographisches Gebiet verfolgen, eine gewisse Mannigfaltigkeit in der Entwickelung sowohl der petrographischen als auch der paläontologischen Charactere. Eine solche Verschiedenheit kann natürlich nicht auffallen, — wir finden sie ja sogar als Regel fast bei jeder anderen Formation. Doch diese Abwechslung auf einem grossen Beobachtungsfelde und dabei wieder diese Constanz in gewissen scharf trennbaren engeren Kreisen regt uns unwillkürlich dazu an, jene kleineren Gebiete nach ihren verschiedenen Characteren zu unterscheiden und gegeneinander abzugrenzen.

Sehen wir zuvörderst, ehe wir zu einer solchen Eintheilung schreiten, worin die verschiedenen Eigenthümlichkeiten in der Entwicklung unserer Zone bestehen. Wir werden dann erwägen können, ob sie zu einer wirklichen Unterscheidung mehrerer Gebiete oder Provinzen hinreichen, einer Unterscheidung die nächst dem Interesse das sie an sich bietet, zur Vervollständigung der Uebersicht nicht ohne Nutzen sein dürfte.

Vor allem bemerken wir eine grosse Verschiedenheit in der Entwicklung der Contortazone in den Alpen und ihren Vorbergen und Ausläufern einerseits und allen ausseralpinen Localitäten andererseits. Mächtige Schichtensysteme von wechsellagernden grauen Kalken und dunkleren Mergelschiefern, von den weissen nackten Felsen des Dachsteinkalkes überragt, bilden in den nördlichen und südlichen Vorbergen der Alpen für sich allein oft ganze Bergketten. Ausserhalb dieses Gebietes dagegen treten sie uns meist nur in geringer Mächtigkeit als mehr oder weniger braungefärbte eisenschüssige Sandsteinbänke entgegen, die nur ganz local bis zu einer Stärke von 100 oder mehr Fuss anschwellen.

In Frankreich, wo sie am rechten Ufer der Saône und Rhône in weiter Ausdehnung dem obern Rande des Keupermergels folgen, oder unmittelbar auf dem Granit der Côte d'or liegen, werden sie so constant von einigen Bänken eines granitischen Conglomerats begleitet, dass man sich daran gewöhnt hat, die Zone der *Avicula contorta* hier kurzweg mit dem Namen „Arkose" zu bezeichnen.

Das Württembergische bonebed zeigt von diesen Conglomeraten keine Spur. Ein hellgrauer oder hellgelber kieseliger, feinkörniger Sandstein von meist sehr geringer Mächtigkeit (1′ — 30′) und gewöhnlich ohne oder doch nur mit wenigen schwachen Zwischenlagen von gelben Letten oder grauem glimmerigen Thon hebt sich hier scharf und entschieden von den untersten dunklen Kalkbänken des Lias ab, oben und unten von einer harten Sandsteinbreccie begleitet die von unzähligen Bruchstücken von Fischzähnen, Knochen und dergleichen wimmelt und von Quenstedt als „schwäbische Kloake", von den Engländern als bonebed bezeichnet wird. Ein solches bonebed fehlt in den Alpen ganz und ist in der französischen Arkose nur untergeordnet, in Spuren, nachgewiesen worden.

In Franken, den sächsischen Fürstenthümern und in Hannover entwickelt sich unsere Zone schon zu viel bedeutenderer Mächtigkeit, die nach Credner und Schlönbach 100′—150′ beträgt. Sie ist hier vorwiegend aus einem Systeme von Sandsteinen und darüber gelagerten Thonen mit der Zahnbreccie des bonebed zusammengesetzt.

Ein weit grösseres Interesse jedoch, als die mit der geographischen Lage abwechselnde Gesteinsentwickelung bietet uns die bei aller Beständigkeit dennoch verschiedenartige Entwicklung der Fauna und Flora an den verschiedenen Localitäten. Wir haben bereits angedeutet, wie characteristisch für Württemberg, Norddeutschland und England das Auftreten einer Zahnbreccie, des bonebeds ist, die in den Alpen und Schweden fast ganz fehlt und in Frankreich nur schwach angedeutet ist. Ganz ähnlich nun finden wir auch andere Formen von Thier- und Pflanzenresten auf gewisse geographische Gebiete beschränkt.

Die grossen, gedrehten *Gervillien (G. inflata)* werden nur alpin gefunden. Ebenso die verschiedenen *Korallenarten (Lithodendron, Thamnastraea* etc.) und alle vorkommenden *Brachiopoden, Cephalopoden* und *Echinodermen*. Pflanzen, prächtig erhalten, bilden ganze Ablagerungen in Schweden und in Franken. In Nord- und Mitteldeutschland stecken die Sandsteine der Contortazone voll *Equiseten* und *Cycadeen*, auch Württemberg und Luxemburg zeigen ihre Spuren in schwachen Kohlenflötzen oder kohligen Beimengungen. In England und der französischen Arkose ist keine Spur von Pflanzen zu finden, ausser einigen undeutlichen *Fucoidenresten*. In den Alpen haben wir ebenfalls nur schwache Andeutungen.

Ueberall wiederkehrende Formen sind trotz der durchaus nicht geringen Artenzahl nur wenige:

Avicula contorta,
Gervillia praecursor,
Cardium rhaeticum,
Mytilus minutus,
Anatina praecursor,
„ *Suessi,*
Schizodus praecursor,
Pecten acutiauritus (Valoniensis)
Lima praecursor,
Leda percaudata
Sargodon tomicus,
Acrodus minimus,
und mehrere *Gasteropoden.*

Diese Formen, von denen für einige Localitäten noch eine oder die andere wegfällt, haben wir somit als Leitpetrefacte für die Contortaschichten anzusehen.

In ganz allgemeinen, kurzen Umrissen habe ich die Veränderungen angedeutet, die die Zone der *Avicula contorta*, je nach ihrem Auftreten an verschiedenen Puncten der Erdoberfläche erleidet und ich will in den folgenden Zeilen versuchen, diese Verschiedenheiten in ihren einzelnen Momenten näher zu beleuchten, indem ich das weite Verbreitungsgebiet des in Rede stehenden Schichtencomplexes specieller durchgehe. Meine Beschreibung die natürlich zum grössten Theil blos die wichtigen Beobachtungen älterer Forscher sammelt und nur in wenigen Puncten auf eigene Anschauung sich stützt, wird sich, wo es möglich ist, der natürlichen Gruppirung anschliessen, die man leicht, wie ich oben gezeigt habe, aus paläontologischen und petrographischen Momenten abstrahiren kann. Der verschiedene Character dieser Gruppen ist gewiss nur die Folge der mit der geographischen Lage wechselnden Bedingungen, unter denen die Bildung mannigfaltiger Niederschläge noch jetzt in einem und demselben Meere vor sich geht. Die Annahme mehrerer verschiedener Bassins ist nicht möglich, da die vollkommensten Uebergänge die Grenzen der angenommenen Gruppen verwischen.

Schweden.

Unter dem Namen von „Höganässandstein, Schieferletten und Steinkohle" (Lit. M.) finden wir auf der neuesten geologischen Karte der Provinz Schoonen von Angelin „Geologisk Oefversigts Karta afver Skane" eine ziemlich ausgebreitete Formationszone verzeichnet, die zum Theil wohl ein Aequivalent der Contortazone sein dürfte. Sie zieht sich in der Richtung von NNW nach SSO von dem Städtchen Höganäs in Schoonen, eine Strecke weit der westlichen Küste Schwedens in der Umgegend von Helsingborg folgend weiterhin als schmales abgerissenes Band zwischen Kurremolla und Benesta quer durch das Land, berührt an der Südspitze Schwedens bei Käseberga wieder die Küste und setzt in derselben Richtung auf das westliche Ufer der Insel Bornholm über, wo sie zwischen Hasle und Arnogar auftritt.

Dann aber liegen diese pflanzenführenden Schichten, nach Nilsson[1]) unmittelbar unter dem grauen Sandstein von Höganäs mit *Avicula inaequivalvis* und anderen Liaspetrefacten, die über das Niveau wenig Zweifel übrig lassen.

Und endlich dürfte wol auch das Streichen der Höganässchichten (hor. 8—9) NW. gegen SO., in derselben Richtung die Beaumont für das Hebungssystem des Thüringerwaldes (zwischen Keuper und Lias) angibt, trotz mangelnder Querprofile, wol zu der Vermuthung berechtigen, dass auch hier die obersten Schichten des Keupers zu Tage gehoben sein könnten.

In den pflanzenführenden Schiefern ist von Thierresten nur wenig und unvollkommenes entdeckt worden. Wir finden bei Nilsson[2]) die Abbildung eines Zahns von einem krokodilartigen *Amphibium* (T. 3 f. 9) und eines *Fisches*,[3]) auch die Angabe von *Insecten* und ähnlichen unbedeutenden, seltenen Dingen, — von *Muscheln* ist jedoch nichts erwähnt. Es sollen nur undeutliche sparsame Bruchstücke vorkommen, die keine Bestimmung zulassen.

---

[1]) S. Nilsson: Djur-petrifikater, funna i Skanes Stenkolsbildning (kongl. Vetenskaps-Akademiens Handlingar, Stockholm 1831 p. 352).

[2]) S. Nilsson; Fossila Växter funna i Skanes Stenkolsbildning (kongl. Acad. Handlingar 1831 p. 348).

[3]) Vetensk. Ak. Handl. 1823. p. 104. t. 2. f. 1—3.

Grossbritannien.

Die Ausbreitung der Contortazone in diesem Gebiet finden wir auf einen schmalen Strich begrenzt, der, am Keuper- und Liasrande liegend, südlich bei Axmouth (Dorsetsh.) an der Meeresküste beginnt, sich in NWlicher Richtung im Bogen gegen Bristol hinzieht, hier aber die NO. Richtung annimmt und den Severn entlang, in grader Linie über Cheltenham (Gloucester) gegen Alcester (Warwick) verläuft. Weiter östlich kennt man die Zone am Keuper-Liasrande, der bis gegen Yorkshire in grader Linie hinzieht, noch nicht.

In Irland finden wir die Contortaschichten nur im NOlichsten Winkel des Landes spärlich vertreten bei Larne (Antrim) und weiter im Gebiet von Londonderry an der Grenze der Landschaften Magilligan und Aghanloo.

Das Verhältniss der, zwischen wahrem Keuper und wahrem Lias mit. *Amm. planorbis* liegenden Schichten ist in England etwas complicirt und hat daher auch zu verschiedenen Deutungen der betreffenden Zone veranlasst. An dieser Unsicherheit ist hauptsächlich das Vorkommen einzelner Austernbänke und Lagen mit *Saurier*-resten zwischen versteinerungsleeren Schichten von sogenanntem white lias über der Contortaschicht und unter der mit *Amm. planorbis* Schuld, da man wegen mangelnder Analoginen an andern Orten nicht weiss, ob man diese für Keuper oder Lias nehmen soll. Denn, wenn der Keuper nach oben durch die Contortazone abgegrenzt ist und der Lias stricte mit der Planorbisbank beginnen soll, so ist es allerdings schwierig, besagte Zwischenschichten, in denen weder der *Amm. planorbis*, noch die *Avicula contorta* auftritt, mit Bestimmtheit zu der einen oder andern Zone zu verweisen.

Noch erschwert wird die Beurtheilung durch die verschiedenen Lagerungsverhältnisse der besagten Zwischenschichten zu einander. So kommt es dass, während Wright[1] über der Zone

---

[1] F. Wright: On the zone of avicula contorta and the lover lias of the south of England.
Quarterly journal of the geological society for. Nov. 1860 tome 16.

der *Av. contorta* die *Ostrea beds* mit Einschluss der *Saurian beds* zu der Contortazone, und darüber den *white lias* zur Zone des *Amm. planorbis* stellt, Moore[1]) die *Ostrea beds* als eigentlichen *white lias* der unmittelbar der Contortazone aufliegt, mit dieser unter dem Namen „rhaetic formation" vereinigt und darüber eine *Enalosaurianzone* unter den Schichten mit *A. planorbis* angibt, über deren Hingehörigkeit er sich nicht entschieden ausspricht.

Wright.   Moore.

Zone of Amm. planorbis   Zone of Amm. planorbis
white lias   Enalosaurian Zone
Ostrea beds mit Einschluss der   White lias und ⎫ Zone of
Saurian beds   Ostrea beds ⎭ A. contorta
Zone of Av. contorta,   Keuper marls.
Keuper marls.

Der *White lias*, ein träge abgelagerter, stark erodirter und von Bohrmuschellöchern durchsetzter heller, feinkörniger Kalk, der sich petrographisch leicht von den dunklern Kalken ober und unter ihm unterscheidet, ist nach Moore überall über der Contortaschicht vorhanden. Wenn die Ostrea beds wirklich zu ihm gehören, so ist durch paläontologische Indicien seine Zugehörigkeit zum Keuper, respective zur Contortazone leicht zu erweisen, denn die Versteinerungen der Ostrea beds:

Ostrea liassica Strickl.
Plicatula intusstriata Emmr.
Modiola minima Gdf. *(Mytilus minutus)*.
Estheria minuta v. Alberti sp.

und *Pelecypoden*kerne sind augenscheinlich Verwandte der Contortapetrefacten. Moore will in diesen Schichten noch keine Spur von Sauriern gefunden haben.

Das eigentliche bonebed, welches zuerst Strickland [2]) bei

---

[1]) Ch. Moore. On the zones of the lover lias and the avicula contorta zone Quart. journ. geolog. soc for. Nov. 1861 tome 17 p. 483.
[2]) Strickland in: proceedings of the geol. soc. of London. vol. III, p. 585 und 732, vol. IV, p. 17.

Coombehill, Wainlode-Cliff und Bushley entdeckte, ist bloss wenige Linien stark und besteht ganz aus *Fischschuppen, Zähnen* und *Koprolithen*, die durch Schwefelkies zusammengebacken sind. An andern Orten werden die organischen Reste seltner und das Gestein geht in einen weissen Sandstein über. Bei Wainlode-Cliff und den Severn entlang, wo die Schichten an den Steilwänden zu Tage treten, ist das bonebed von einem gelben Kalke mit *Cypris*arten bedeckt, über welchem blaue Kalke mit *Insecten*resten folgen. Ja ein zweites, zwar sehr dünnes aber kenntliches bonebed liegt 4 métres über dem ersten. Leider will es ohne specielle Kenntniss der Localitäten nicht recht gelingen, die Profile von Murchison[1] und Strickland einerseits, und der von Moore und Wright anderseits, mit einander in Einklang zu bringen und ich enthalte mich darum, Muthmassungen aufzustellen, die die Sache nur verwirren könnten.

Nach Oppel[2]) ist der white lias ein Aequivalent der *Planorbis*zone, die blauen Thone darüber repräsentiren das *Angulatus*bett und erst in der Zone des *Amm. Buklandi* gewähren uns die characteristischen Petrefacten volle Sicherheit über das Niveau.

Mit den Verhältnissen der Contortazone in Irland hat uns Portlock's[3] schönes und vollständiges Werk bekannt gemacht. Ihm verdanken wir die erste Beschreibung und Abbildung unserer hauptsächlichsten Leitmuschel, der *Avicula contorta*.

Ueber die Art der Schichtenfolge erhalten wir hier leider keinen Aufschluss, nur das Vorhandensein des bonebeds und der damit zusammenhängenden Contortaschicht an den schon oben genannten Punkten, wird uns durch die Aufführung characteristischer Petrefacten verbürgt.

Die organischen Reste in der Zahnbreccie des eigentlichen bonebed hat erst Agassiz[4] in seinem classischen Werke kennen

---

[1]) Murchison. Geology of Cheltenham 1845.
[2]) A. Oppel. Die Juraformation. p. 67.
[3]) Portlock: Report on the geology of Londonderry. Dublin 1843.
[4]) Agassiz: Recherches sur les poissons fossiles. tome 3, Paris 1833—43.

gelehrt. Da ihm neben den englischen Vorkommnissen auch die von württembergischen Localitäten bekannt waren, so konnte die Identität zahlreicher Zahnformen aus beiden Gebieten aufs sicherste nachgewiesen werden. Die reichsten Fundorte für Bonebedversteinerungen sind: Aust-Cliff in der Nähe von Bristol und Culverhole bei Axmouth (Dorset). Von hier stammt das Agassiz'sche Material zum grössten Theil.

Die *Conchiferen* und *Gasteropoden* dagegen, die Moore beschrieben hat, sind bei Wrantange und Beer-Crowcombe in der Nähe von Ilminster am Ausgange eines Tunnels des Bridgewatercanals gefunden worden. Die Schichten sind hier, wie an den übrigen englischen Localitäten nur wenig gehoben. Wem es um die Specialitäten der stratigraphischen Verhältnisse unsrer Schichten in England zu thun ist, der findet bei Moore und Wright eine Anzahl der genauesten Profile von einer ganzen Reihe von Localitäten.

Mitteldeutschland.

Das weite deutsche Triasplateau zwischen Braunschweig und Coburg bietet uns weniger zahlreiche Fundstätten von Contortaschichten, als wol zu erwarten wäre. Am stärksten sind sie noch am Nordrande, bei Braunschweig, Hannover und Hildesheim vertreten. Auch auf Helgoland vermuthet sie Herr v. Alberti.[1]) Südlich begegnen uns nur einzelne isolirte Puncte auf der Linie gegen Coburg hin. Sie scheinen sich in ihrer Lage gewissermassen der Richtung anzuschliessen, in welcher Beaumont's „System des thüringer Waldes" liegt, das „nordöstliche Hebungssystem Deutschlands" von L. v. Buch.

---

[1]) v. Alberti: Ueberblick über die Trias. Stuttgart 1864 p. 269.

Die Normalstreichungsrichtung für dieses System gibt Beaumont zu W 40° N oder hor. 8—9 an und zwar auf der Linie Eisenach-Linz und es ist daher wol anzunehmen, dass südlich von Baireuth wo man bis jetzt Contortabildungen noch nicht hat ausscheiden können, sich die Repräsentanten dieser Zone in der erwähnten Richtung mit der Zeit noch werden nachweisen lassen.

Das Hebungssystem des Thüringerwaldes liegt nach Beaumont bekanntlich auf der Grenze zwischen der Keuper- und Liaszeit, es muss also auch die Schichten der Av. contorta mit zu Tage gehoben haben, wenn es wahr ist, dass dieselben die jüngsten Keuperbildungen sind. Wir wollen jedoch auf diese Speculationen kein zu grosses Gewicht legen, da man ja noch nicht über den absoluten Werth der Hebungssysteme von Beaumont einig ist; es sei hier nur im Vorübergehen darauf hingewiesen.

Das mitteldeutsche Gebiet der Contortaschichten zeichnet sich vor allen, mit Ausnahme allein des alpinen, durch verhältnissmässig bedeutende Mächtigkeit aus. Der Schichtencomplex wird oft bis 250' stark und sinkt fast nie unter 20'. Er besteht aus wechsellagernden Sandsteinen und Thonen. Letztere nehmen vorzugsweise das höhere Niveau ein, wenn nicht, wie im nördlichen Theil unseres Gebietes, zwei Systeme von Sandsteinen und Thonen vorhanden sind. Die Versteinerungen, darunter auch das bonebed, liegen immer im Thone, während der Sandstein, ausser einigen Pflanzenresten, *Cycadeen* und *Equiseten* fast petrefactenleer erscheint. Wo zwei Systeme von Thonen auftreten, ist es auch gelungen, zwei Bonebedlager nachzuweisen.

Das Auftreten von *Süsswasserpflanzen* ist hier sehr characteristisch, namentlich in Franken, bei Bamberg und Baireuth, wo sie in grosser Zahl und schönster Erhaltung gefunden werden. In keinem andern Entwicklungsgebiet der Contortazone, vielleicht mit Ausnahme Schwedens begegnet man ihnen wieder in solcher Menge, in den meisten fehlen sie ganz, so namentlich in England und Frankreich. Württemberg und die Alpen haben nur wenige undeutliche Reste aufzuweisen.

Wir kennen die Entwicklungsverhältnisse der Contortazone in mitteldeutschen Gediete hinreichend aus den geist- und lichtvollen Darstellungen v. Strombeck's[1]), Credner's, Pfaff's und anderer.

Herr v. Schlönbach[2]) hat namentlich den nördlichen Theil, auf hannöver'schem und braunschweigischem Gebiete, untersucht und in mehreren Aufsätzen in Bronns „Jahrbüchern für Geognosie" und in den „Zeitschriften der deutschen geol. Gesellschaft" beschrieben, wovon derjenige in den „neuen Jahrb." von 1862 der bedeutendste ist. In dem Salzgitter'schen Höhenzuge, der sich von dem Ort dieses Namens in NWlicher Richtung über Sehnde bis Hildesheim erstreckt, gelang es zuerst, ein 100' mächtiges System von pflanzenführenden Sandsteinen und Thonen mit undeutlichen Muschelresten nachzuweisen, welches in deutlicher Beziehung zu einer, von der Zahnbreccie des bonebed erfüllten Schicht stand. Aber, im Widerspruch zu den nächst vergleichbaren Verhältnissen in Württemberg, nahm dieses bonebed das tiefste Niveau ein. Das selbe Verhalten schien auch an den später untersuchten Localitäten in westlicher Richtung von Salzgitter, bei Steinlah, Oelber, Ortshausen etc. stattzufinden, so dass Herr v. Schlönbach das folgende allgemeine Profil aufstellte:

obere Bonebedthone . . . . . 38'
oberer Bonebedsandstein . . . 98'
untere Bonebedthone mit der Zahnbreccie 25'
unterer Bonebedsandstein . . . 11'

Summa 172'

Aber nicht lange konnte sich das obere bonebed den eifrigen Forschungen entziehen, — Herr v. Schlönbach fand es bald im Steinbruch von Seinstedt bei Homburg und an dem schönen Aufschluss von Schnigelade bei Salzgitter in dem obern Niveau der Thone auf, zwar in schwacher Entwicklung, aber durch die leicht kenntlichen Zähnen von *Saurichthys*, *Acrodus* und *Hybodus* bestimmt.

---

[1]) v. Strombeck in: Abhandlungen d. geolog. Ges. 1852 Bd. 4 p. 71.
[2]) v. Schlönbach: Abhandlungen in „Neue Jahrbücher" 1860 p. 513 ff., p. 694, 1862 p. 146 ff., Zeitschrift geol. Ges. 1861, Bd. 13, p. 17.

Die muschelführenden Bänke der Contortazone haben im Hannöver'schen, wie schon gesagt, ausser der *Avicula contorta*, nur wenige characteristische Formen geliefert. Am häufigsten erscheint der *Taeniodon ellipticus* Credn., oft ganze Bänke mit seinen länglich-ovalen „*Gurkenkernen*" erfüllend. Es ist dies eine Muschel von unbestimmbarem genus, doch in leicht vergleichbarer Form kehrt sie in den entferntesten Verbreitungsgebieten der Contortazone wieder. Deshayes bestimmte sie aus belgischen Vorkommnissen, als *Pholadomya corbuloides*. Deffner und Fraas von Langenbrücken in Baden als *Anodonta postera*, Kredner nennt sie in Thüringen *Venus liasina*, auch in den Alpen fehlt sie nicht und Stoppani nennt seine lombardischen Vorkommnisse *Nucula oppeliana*. Unter den Abbildungen, die Herr v. Schlönbach seinem Aufsatze von 1862 beifügt, sehen wir noch mehre verwandte Formen von der allgemeinen länglichovalen, wenig Anhalt bietenden Form mit concentrischer Anwachsstreifung. Solche vage Formen sind auch in alpinen Contortabildungen leider nur zu häufig und man sieht sich meistens genöthigt, sie unbestimmt zu lassen.

Ganz ähnliche Verhältnisse, wie auf dem Schlönbach'schen Untersuchungsgebiet, beschreibt uns Herr Wagener [1] von Vlotho, Rehme, überhaupt aus der Gegend zwischen Teutoburger Wald und Weser an zahlreichen Fundstätten. Characteristische Petrefacten scheinen in Fülle vorhanden zu sein, aber von dem oberen bonebed finden wir keine Angabe. Die oberen Thone führen, wie es scheint, hier nur Pelecypoden.

In den sächsischen Fürstenthümern finden wir auch noch nicht viel abweichendes. Kredner [2] gibt die Stärke der Schichten zu 250' im Durchschnitt an. Sie bestehen aus Sandsteinen, Sandschiefern und Schieferletten. Erstere nehmen das tiefere

---

[1] R. Wagener: Die jurassischen Bildungen der Gegend zwischen dem teutoburger Wald und der Weser in: Verh. des nath. Vereins, XXI. Jahrg. Neue Folge Bd. XI.
[2] Kredner: Neue Jahrb. 1860 p. 293.

Niveau ein und enthalten ausser *Equiseten* und *Calamiten* nur die erwähnte *Anodonta postera* Deffn. und Fraas, selten kommt dazu noch das *Cardium cloacinum* Qu. und *Taeniodon Ewaldi* Born. Das obere, mehr thonige Niveau ist petrefactenreicher, enthält jedoch nur wenige species. *Taeniodon Ewaldi* und *ellipticus* sind hier vorherrschend, sparsamer erscheinen die

Avicula contorta,
Cardium rhaeticum,
Mytilus minutus und
Posidonomya Hausmanni Born?

So tritt unsere Zone bei Eisenach (Hageleite und kl. Schlierberg bei Krauthausen, Moseberg), so am See- und Rennberg bei Gotha und weiter südlich bei Koburg auf (Kipfendorf, Ziegelsdorf). Das bonebed ist in diesem Gebiete noch nicht nachgewiesen worden. Die Lagerungsverhältnisse, im allgemeinen ziemlich einfach, scheinen in der Gegend von Eisenach, am kl. Schlierberg und Eichelberg bei Krauthausen eigentümlich verwirrt, denn wir finden über diese Localitäten in dem grossen Aufsatze von Senft: „Ueber das NW. Ende des Thüringer Waldes"[1]) die überraschende Angabe, dass die Contortaschichten in normaler Lagerung, d. h. die Sandsteine unten, die Thone mit *Taeniodon Ewaldi* darüber, auf den Angulatenschichten liegen. Es ist diese Angabe dennoch vielleicht als Irrtum zu erklären, da ein beigegebenes Profil die Lagerungsverhältnisse ganz normal angibt, so dass die Contortaschichten über dem Keuper liegen, — und ausserdem wird die Lagerung ebenso normal an einer ganz in der Nähe liegenden Stelle geschildert. Möglicherweise findet hier also eine ganz locale Ueberstürzung der Schichten statt.

Je weiter wir auf unserem vorliegenden Gebiete nach Süden gerückt sind, finden wir eine stetige Zunahme der Pflanzenreste, so zwar, dass sie allmälig aus dem unteren Sandsteingebiet bis in das Gebiet der Thone hinaufragen. In Oberfranken nun,

---

[1]) Senft: in Zeitschr. der deutsch. geol. Gesch. 1858 Bd. 10 p. 351.

in dem Dreieck Bamberg, Kulmbach, Baireuth, nehmen die Pflanzenablagerungen so überhand, dass sie die Schalthierfauna vollkommen zu verdrängen scheinen. Und in der That haben die Versuchsbauten auf Kohle in der berühmten Theta bei Baireuth neben den ungeheuren Mengen prächtig erhaltener Pflanzenversteinerungen kaum ein paar Exemplare von Muscheln zu Tage gefördert.

Herr Prof. Pfaff [1]) war es zuerst, der die stratigraphischen Verhältnisse der Grenzschichten zwischen Keuper und Lias in Oberfranken untersuchte. Man ersieht aus seinen Profilen von Reuth und der Gegend zwischen Burgthann und Schwarzenbach, dass über dem reinen Keupersandstein ein System von wechsellagernden versteinerungsleeren Sandstein- und Mergelschichten liegt, über welchem ebenfalls petrefactenleerer Kalk folgt. Erst der Lias γ zeigt in den Numismalisschichten Belemniten und kenntliche Schalthierreste. Herr Prof. Pfaff stellt die Sandstein- und Mergelzone über dem Keupersandstein aus drei Gründen zum Lias: erstlich weil, wo jene Zone vorhanden ist, immer wirklicher Lias über ihr liegt, wo die Liasschichten fehlen auch jene Sandsteinzone nicht vorhanden ist, zweitens weil allmälige Uebergänge der Gesteinscharactere in die Belemnitenschichten des Lias, keine zum Keuper vorhanden sind und endlich weil ein, in der Baireuther Sammlung aufbewahrter *Ammonites Bucklandi* in einem braunen Sandstein liegt, der die grösste Aehnlichkeit mit dem Sandsteine jener Zone zeigt.

Herrn Bergmeister Gümbel glückte es bald darauf, durch Auffindung des boneheds in dem obern braunen Sandsteine einen sicheren Anhalt zur Beurtheilung des Alters der fraglichen Schichten zu gewinnen. Zugleich war es von höchstem Interesse zu erfahren [2]), dass oft nur wenige Fuss über dem oberen bonebedsandstein ein petrographisch kaum von demselben zu unterscheidender Sandstein mit spärlichen *Amm. Bucklandi* und *Gryphaeen*

---

[1]) Pfaff: in Neue Jahrb. 1857 p. 1 t. 1.
[2]) Gümbel: in Neue Jahrb. 1858 p. 550.

liegt, der offenbar den Irrthum von Prof. Pfaff veranlasst hat.
Nach Gümbel stellt sich in Franken im allgemeinen das Profil
der Uebergangszone von Keuper zu Lias folgendermassen dar:

Bucklandi-zone.	Dunkelgrauer Mergelschieferthon, wechsellagernd mit grobkörnigem eisenschüssigem Sandstein mit spärlichen *Amm. Bucklandi* und *Gryphaeen*.
Angulatus-zone.	Sandstein mit *Thalassiten*, *Asterias lumbricalis* und kleinen *Turritellen*.
Planorbis-zone.	Dunkelgraue Mergelschiefer mit vielen grossen Geoden. Ausser *Fucoiden* keine Petrefacten.
Contorta-zone.	Grobkörniger Sandstein mit Knochenresten, darunter Schieferthonschichten mit Pflanzen.
Schilf-sandstein.	Weisslicher und gelblicher Sandstein in dicken Bänken, mit *Calamiten*.
mittlerer Keuper.	Bunte Mergel, wechsellagernd mit Sandstein.

Wie in Württemberg, so liegt also auch in Franken das
bonebed als oberste Keupergrenze über den Aequivalenten der
Contortaschichten, den Pflanzenschiefern. Letztere finden wir hier
gewöhnlich muldenförmig eingelagert, auf dem Keuper; so bei
Bamberg (Strullendorf) bei Reundorf, Höfen und an der
Theta bei Baireuth. Sie sind erfüllt von mannigfaltigen Pflanzen-

formen, worunter sich nach Schrüfer[1]) besonders die folgenden auszeichnen:

Equisetites Muensteri Stbg.
Andriana baruthina Braun.
Thaumopteris Muensteri Goepp.
Jeanpaulia dichotoma Braun,
Nilssonia acuminata und
„ *Kirchneriana* Goepp.
Zamites distans Stbg. und
„ *subovata* Nyst.
Pterophyllum Muensteri Goepp.

Dabei ist es von grossem Interesse, zu bemerken, dass in jeder Mulde eine besondere Reihe von Gattungen vorherrscht, so an der Theta *Taeniopteris* und *Sagenopteris*; bei Schloss Fantaisie in der Nähe von Baireuth *Sphenopteris*; im Hardter Grunde *Jeanpaulia*. Alle diese Formen schliessen sich nach Gümbel[2]) den Typen aus dem Schilfsandstein aufs engste an.

Von Prof. Schenk, der die reichen Sammlungen von fränkischen Bonebedpflanzen in der münchner Akademie untersucht hat, finden wir eine vorläufige Notiz über dieselben in der Würzburger naturwissenschaftlichen Zeitschrift.[3]) Wegen des unzureichenden Grades meiner eignen botanischen Kenntnisse muss ich mir erlauben, aus derselben in Citaten zu berichten.

„Das bonebed, sagt Prof. Schenk, (p. 67) hat weder mit dem bunten Sandsteine, noch mit dem Keuper eine Art gemeinsam, da die, nach Prof. Heer's Angabe dem Keuper des Kantons Basel angehörigen Arten:

Equisetites Muensteri.
Camptopteris Muensteri
Taeniopteris Muensteri,
Sphenopteris Roessertiana.

---

[1]) Schrüfer: Die Juraformation in Franken. 1861.
[2]) Gümbel: Neue Jahrbücher 1858 p. 550.
[3]) Schenk: über die allgemeinen Verhältnisse der Flora des Keupers u. bonebed. Würzburger naturwiss. Zeitschrift. Bd. 4. p. 65.

ohne Zweifel auch dort dem bonebed angehören, wie ich aus dem bonebed von Adelhausen bei Lörrach
Taeniopteris Muensteri und
Equisetites Muensteri
kenne....

„Die Flora des fränkischen bonebed ist von jener des Keupers durchaus verschieden. In Franken ist sie eine Landflora und alle, als Algen bezeichneten Pflanzenreste gehören nicht dieser Gruppe, sondern andern Gruppen an....

„Für die Flora des fränkischen bonebed ist das Auftreten zahlreicher *Cycadeen* und der *Palissya Braunii* hervorzuheben. *Palissya Braunii* ist die verbreitetste Art, wenig gibt ihr *Zamites distans* nach; an diese reihen sich:
Equisetites Muensteri,
Jeanpaulia dichotoma.

Cycadeen und *Coniferen* sind auch in dieser Formation der Wald bildende Bestandtheil, in dessen Schatten zahlreiche baumartige und kleine Farne ihr Gedeihen fanden, während *Equiseten, Jeanpaulien* und die, eher den Hydropterideen als den Farnen angehörigen *Sagenopteris*arten den mit Wasser bedeckten Boden einnahmen.

„Für die Vegetation des bonebed bei Bamberg ist namentlich der Reichthum an *Sphenopteris*arten characteristisch. Durch die Zahl der Individuen zeichnen sich aus:
Equisetites Muensteri,
Sagenopteris rhoifolia,
Zamites distans.

„Diese Arten müssen den wesentlichsten Bestandtheil der Flora gebildet haben.

„Von besonderer Wichtigkeit für die Entwicklung des Pflanzenreichs ist das Auftreten von Gattungen im bonebed, welche den älteren Formationen fehlen, in den jüngern aber immer wieder erscheinen und erst mit dem Beginne der Kreidebildung verschwinden. Solche Gattungen sind im Bonebed von Bamberg
Xylomites,
Clathropteris,
Dictyophyllum,

Sagenopteris,
Polypodites,
Laccopteris,
Asterocarpus
Jeanpaulia,
Preissleria,
Nilsonia,
Palissya
und die bereits im Keuper vorhandene
Camptopteris.
„Zu ihnen gesellt sich an anderen fränkischen Fundorten
Thaumopteris,
Kirchneria (Thinfeldia)
Taeniopteris.
„Unter den Cycadeen treten die Gattungen
Zamites
Otozamites
Nilsonia, neu auf ohne dass
Pterophyllum fehlt.

„Die Mehrzahl dieser Formen findet sich wieder in der Flora des Lias, des Oolith, des Jura, des Wealden entweder mit denselben Gattungen oder analogen Gattungen. Aus der Steinkohle reichen herüber
Cyclopteris,
Hymenophyllites,
Sphenopteris,
mit dem bunten Sandstein ist ausser
Equisetites
Alethopteris
(Pecopteris) noch
Palaeoxyris gemeinsam.

„In dem Auftreten so zahlreicher neuer Formen liegt der Beweis für eine mit dem bonebed beginnende Entwicklungsstufe der Pflanzenwelt, welche mit dem Wealden ihren Abschluss erhält."

Wir ersehen daraus dass die Beziehungen der Bonebedflora zu älteren Floren nur gering erscheinen gegenüber den Verwandtschaften zu jüngeren Formen.

Prof. Schenk verspricht uns noch eine eingehendere Behandlung des Gegenstandes.

Ausser den zahlreichen schönen Pflanzen hat das fränkische bonebed noch erst sehr wenige organische Ueberreste geliefert. Wir wissen nur von einigen unbestimmten *Fischresten*, die schon 1832 von Berger [1]) beschrieben und abgebildet wurden; dazu kommen noch aus der neuesten Zeit einige *Insectenreste*, ein *Limulus liaso-keuperinus* und eine *Anodonta liaso-keuperina*, welche Herr Braun [2]) 1860 publicirt hat. Aus dem bonebed bestimmt Gümbel nur einen Zahn von *Saurichthys longidens*.

Südlich von Baireuth bis Linz, auf der Hebungslinie des Thüringerwaldes (Beaumont) in Mittelfranken und Oberpfalz, ist der Uebergang von Keuper in Lias nach Schrüfer so allmälig, dass sich ein Aequivalent der Contortazone nicht ausscheiden lässt. Vielleicht lehrt uns die Zukunft dennoch auch hier unsere Schichten kennen, bis dahin sei es mir erlaubt die muthmassliche Richtung auf beiliegendem Kärtchen durch eine punctirte Linie anzudeuten.

Württemberg.

In den nördlichen Vorbergen der Jurakette, in Württemberg, ostwärts von dem Festlande des Schwarzwaldes, finden wir die Repräsentanten der Contortazone als deutlich ausgesprochene Uferbildung in zwar schwacher, doch äusserst characteristischer Entwicklung wieder. Nirgend vielleicht bildet das bonebed, die Zahnbreccie einen so kenntlichen, ausgebreiteten Horizont,

---

[1]) Berger: Versteinerungen der Fische und Pflanzen im Sandstein der Koburger Gegend. Koburg 1832.
[2]) C. F. W. Braun: Die Thiere in den Pflanzenschiefern der Gegend von Baireuth. Baireuth 1860.

wie in diesen Gegenden. Da dieser Theil der Erdoberfläche von den Erschütterungen des präliassischen Hebungssystems des Thüringerwaldes nur schwach berührt wurde, dürfen wir die Ränder der Contortaschichten nicht in der bekannten Streichungslinie W 40° N gehoben erwarten. Die zahlreichen Aufschlüsse denen wir begegnen, sind vielmehr durch mannigfache Verwerfungen, durch Auswaschungen in Flussthälern und Bachrissen in diesem sanft hügeligen Terrain entstanden. In einem solchen Bachriss, dem Thal der Schliechen bei Täbingen, in der Nähe von Balingen war es, wo Herr v. Alberti vor mehr als dreissig Jahren in einem jetzt leider verstürzten Steinbruch die ersten mit dem bonebed zusammenhängenden Muschelbänke entdeckte, die er in seinem classischen Werke über die Trias [1]) bekannt machte. Das bonebed selbst war in Württemberg schon 1718 von Strasskircher bei Bebenhausen aufgefunden und im „Pterodactylus Suevicus" p. 13 beschrieben worden.

Die Schichten der *Avicula contorta* bestehen in Württemberg aus mehr oder weniger gelbem kieseligen Sandstein von feinem Korn, zuweilen mit untergeordneten thonigen Zwischenlagerungen. Ihre Mächtigkeit schwankt zwischen 7'—30'. Das bonebed liegt bald über, bald unter ihnen — selten nur werden beide zugleich an derselben Localität gefunden, wie an der Strassencorrection bei Frittlingen.

Die Analogie der Verhältnisse in Mitteldeutschland veranlasst mich, 2 bonebed-Niveau's als Norm anzunehmen, obgleich nach Herrn Prof. Oppel [2]) die Zahnbreccie, in der Mitte liegend, eine Trennung der Contortasandsteine in ein oberes und ein unteres Niveau motiviren würde. Herr Prof. Oppel fand nämlich neben 3 Muschelformen, die beiden Niveaus gemeinschaftlich sind, noch 8 andere Species von denen 4 über, 4 unter dem bonebed vor-

---

[1]) v. Alberti. Beitrag zu einer Monographie des bunten Sandsteins, Muschelkalks und Keupers. Stuttgart 1834.
[2]) Oppel und Suess: Ueber die muthmasslichen Aequivalente der kössener Schichten in Schwaben, Sitzber. der math. natw. Klasse. d. kais. Akad. d. Wissensch. 1856 Bd. 21 p. 535.

kommen. Doch darf man nicht vergessen, dass diese von zwei verschiedenen Localitäten herstammten.

Ein allgemeines Uebersichtsprofil lässt sich für die Contortaschichten in Württemberg nicht leicht aufstellen; zur Darlegung der gewöhnlichsten Verhältnisse füge ich hier aus der soeben citirten Abhandlung ein Profil von Nürtigen (südlich von Stuttgart) bei:

2′ graue Kalke mit Eisenocher,	Planorbiszone.
4″ gelbe Letten 1″—2″ lockerer Quarzsand mit Spuren des bonebeds. 7′—8′ leerer Sandstein. 3′ muschelführender Sandstein. 10′—20′ versteinerungsleerer Sandstein	Contortazone.
rothe Keupermergel.	Keuper.

Die gründlichsten Untersuchungen zahlreicher Gelehrten erleichtern uns in Württemberg die richtige Erkenntniss der Verhältnisse unserer Schichtenzone und lassen uns fast nichts mehr hinzuzufügen übrig.

Herr Prof. Quenstedt hat in allen seinen grösseren geologischen Schriften [1]) interessante Beobachtungen über die „schwäbische Kloake", die Bonebedschichten eingeflochten. Der „Jura" fängt mit der Beschreibung des bonebed an, denn Prof. Quenstedt war damals der Ansicht, dass dies die Grundlage der Liasschichten sei, weil in keiner frühern Formation eine so vollkom-

---

[1]) Quenstedt. Das Flötzgebirge Württembergs. Der Jura, 1856. Epochen der Natur, 1861.

mene Uebereinstimmung der paläontologischen Charactere in einer so kleinen Schicht und an den entferntesten Localitäten gefunden werde. In den „Epochen der Natur" finden wir das Niveau der *Avicula contorta* bereits zum Keuper verwiesen.

Herr Prof. Oppel [1]) liess im Anfang seiner „Juraformation" (p. 12 und 17) die Frage wegen der geologischen Stellung der „Grenzbreccie" noch unentschieden, da die organischen Einschlüsse derselben noch nicht genügend bekannt und verglichen waren. Weiterhin, (p. 290 und 291) als die betreffenden Untersuchungen nicht mehr fehlten finden wir dagegen die bestimmt ausgesprochene Ansicht „dass wir bonebed und Bonebedsandstein und somit auch die kössner Schichten als ein zum Keuper gehöriges Glied zu betrachten haben, über welchem erst der Lias mit der Zone des Ammonites planorbis beginnt." Es war nämlich unterdessen bereits gelungen [2]), die wichtige Parallele zwischen der schwäbischen Grenzbreccie und den „kössner Schichten" der Alpen festzustellen, die wir als wahrscheinlich schon auf p. 17 in der „Juraformation" angedeutet finden. Die späteren Mittheilungen von 1857[3]) und 1859[4]) liessen dann die weite Verbreitung der Contortaschichten und ihre Bedeutung als geognostischen Horizont immer mehr ans Licht treten.

Die Herren Fraas und Deffner [5]) fügen dem Bekannten noch manches Neue hinzu, so das Vorkommen der *Anodonta postera* Deffner und Fraas, die wir schon öfter aus Mitteldeutschland erwähnt haben, in dem Bonebedsandstein am Stromberg

---

[1]) A. Oppel. Die Juraformation.
[2]) Oppel und Suess. Ueber die muthmassl. Aequiv. d. kössn. Schichten in Schwaben. Sitzber. der k. k. Ak. d. Wissensch. 1856 Bd. 21 p. 535.
[3]) Weitere Nachweise der kössener Schichten in Schwaben und in Luxemburg. Sitzb. k. k. Ak. Wiss. 1857 Bd. 26 p. 7.
[4]) Die neuern Unters. über die Zone der Av. cont. etc. München 1859.
[5]) Fraas. Der Bonebedsandstein am Stromberg. Württ. natw. Jahresh. 1858 Jahrg. 14 p. 332.
Deffner und Fraas. Die Juraversenkung bei Langenbrücken. Neue Jahrb. 1859 p. 1.

bei Blankenhorn und an der interessanten Localität Langenbrücken in Baden. Hier, am äussersten Ende einer langen schmalen, von Süden einschneidenden Bucht des Contortameeres findet sich, ganz isolirt, über dem Keuper horinzontal gelagert ein Stück Lias, 10 Meilen weit von dem verwandten Lias der schwäbischen Filder entfernt. Darunter folgen die Contortaschichten, aber noch ganz in der Art entwickelt, die wir in Mitteldeutschland vorherrschend fanden, als ein 50' mächtiges System von wechsellagernden Sandsteinen und Thonen voll characteristischen Petrefacten. Auch hier nehmen die Thone mit dem bonebed darin, das höhere Niveau ein und der Sandstein enthält nur sparsame Calamiten. Wie die speciellen Verhältnisse an den correspondirenden Localitäten Nieder- und Oberbronn bei Strassburg an der gegenüberliegenden Westseite der nämlichen Meerzunge beschaffen sind, darüber ist noch nichts genaueres bekannt. Nur dass auch hier Aequivalente der Contortaschichten sich vorfinden, erfahren wir bei Oppel „Weitere Nachweise etc." p. 8.

Die Bearbeitung der Reste aus dem eigentlichen bonebed Württembergs verdanken wir neben Agassiz und Quenstedt, Herrn Prof. Plieninger, der uns aus diesem Niveau auch die Zähne des ältesten Säugethieres, des *Microlestes antiquus* kennen lehrte.

Schliesslich darf auch ein Aufsatz von Herrn Dr. Rolle über das bonebed der Waldhäuser Höhe bei Tübingen nicht unerwähnt bleiben, in welchem die Hingehörigkeit der Contortaschichten zum Lias durch mehrere Petrefactenformen bewiesen wird, die angeblich aus Bonebedschichten stammen. Der Verfasser hat das paläontologische Material zu dieser Arbeit aus zusammenhangslos umherliegenden Gesteinsblöcken der Waldhäuser Höhe entnommen

---

[1] H. v. Meyer und Plieninger. Beiträge zur Paläontologie Württembergs 1844.
Plieninger. Ueber Microlestes und Sargodon. Württ. natw. Jahreshefte 1847 p. 163.
[2] F. Rolle: Ueber einige, an der Grenze von Keuper und Lias in Schwaben auftretende Versteinerungen. Sitzber. der k. k. Akademie d. Wissenschaften 1857 Bd. 26 p. 13.

deren Anstehen er nicht kennt. Herrn Rolle's Bemerkung, dass die·Fischzähne häufiger werden, wenn das Gestein sandig ist, dass hingegen Ammoniten und Liasmuscheln zunehmen, wo die Blöcke kalkig waren, legt uns die Vermuthung nahe, dass er ausser Bonebedversteinerungen wirkliche Liasformen aus den Kalken des Lias gesammelt habe, denn in Württemberg ist das bonebed ein Sandsteingebilde, das sich schroff gegen die untersten Kalkbänke des Lias abhebt.

Die Zahl der bekannten Muschelspecies aus der schwäbischen Contortazone ist gering, um so grössere Mannigfaltigkeit bieten die Wirbelthierreste im bonebed. Als reiche Fundstätten sind besonders hervorzuheben, Nürtingen im obern Neckarthal, Bebenhausen bei Tübingen, die Schlösslesmühle zwischen Echterdingen und Waldenbuch, Nellingen, Birkengehren, Degerloch und Kemnath bei Hohenheim.

Wir können wol mit Recht erwarten, auch in der östlichen und westlichen Fortsetzung des durch Württemberg ziehenden Keuper-Liasrandes mit der Zeit die Aequivalente der Contortaschichten ausgeschieden zu sehen. Gegenwärtig jedoch fehlen die betreffenden Beobachtungen noch. Der obere Keuperrand ist von mir auf dem beiliegenden Kärtchen darum durch eine punctirte Linie markirt worden.

Frankreich.

Seit der Zeit des Buntsandsteins bilden die Vogesen und der Schwarzwald, zum Hebungssystem des Rheines (Beaumont) gehörend, ein Festland, das viele geologische Epochen hindurch von den Meeren bespült wurde. Am südlichen Rande dieses Festlandes, um die hier halbinselartig vorgestreckte und durch den schmalen Rheinthalgolf gespaltene Spitze herum, können wir nun auch die Absätze des Contortameeres von Württemberg nach Frankreich hinüber verfolgen. Im Canton Basel, südöst-

lich von der Stadt Basel, im Thal der Ergolz und in der Nähe
desselben finden wir, von Merian [1]) beschrieben, die Contortaschichten wieder und zwar in einer Entwicklung, die ganz der
Lage des Ortes zwischen dem Gebiete der Alpen, Württemberg
und Frankreich angemessen ist, nämlich als Uebergangsform
zwischen der Entwicklungsart in diesen drei Provinzen. Während
im Ergolzthal Mergel und Mergelschiefer wie in den Alpen vor-
liegen, haben wir zwischen Muttenz und Gruth, am Lauwyler
Berg im obern Kanton, bei Schwengi und Langenbrück ganz
die Sandsteine Schwabens wieder. Das schöne Profil bei Nieder-
Schönthal an der Ergolz gibt Merian folgendermassen an:

Kalk mit Gryphaea arcuata.
Dunkelgraue Mergelschiefer ohne deutliche Versteinerungen.
Dünne Schicht rothen Keupermergels.
graue Mergel, wenig mächtig, mit der Zahnbreccie des bonebed.
Bunte Keupermergel in ansehnlicher Mächtigkeit.

Unter den vielen Zähnen im bonebed ist an dieser Localität
bis jetzt nur eine unbestimmbare Muschel gefunden worden;
undeutliche, doch mit Quenstedt'schen Abbildungen von Bonebed-
muscheln vergleichbare Abdrücke sind an anderen Stellen des
Cantons Basel, z. B. bei Langenbrück und auf der Weide oberhalb des Kilchzimmers nicht selten.

---

[1]) Merian in Verh. d. naturforschd. Ges. in Basel 1857. p. 581.

Westlich von den Baseler Vorkommnissen finden wir die Contortazone längs dem nördlichen Abhang des französischen Jura, im Département der haute Saone, der Franche comté wieder, jedoch in minutiösester Entwicklung. Ihre oberste Grenze, das bonebed, hat Herr Marcou [1]) auf der Unterseite der Kalkplatten mit *Amm. planorbis* nachgewiesen, wo *Fisch-* und *Saurierzähne* nebst eckige Quarzstücken daran kleben. Marcou bestimmt von Boisset in der Nähe von Salins:

Termatosaurus Albertii,
Hybodus cloacinus u. *minor*,
Arcodus minimus und
Saurichthys acuminatus.

In den Sandsteinen unter diesem bonebed, demselben Sandstein, den Beaumont auf der carte géologique de la France als grés infraliasique, j,, bezeichnet, fand Marcou ebenfalls bei Boisset in den Bachrissen des Pinperdu und auf dem Wege von Champagnole nach Salins,

Mytilus minutus,
Cardium rhaeticum und *cloacinum*,
Avicula contorta,
Gervillia praecursor,
Schizodus cloacinus,

kurz alle characteristischen Leitformen der Contortaschichten. Es folgt daraus, dass Beaumonts grés infraliasique, in dem Juragebirge und den Hügeln der haute Saône, unserer Zone angehört. Dasselbe ist nach Marcou der Fall mit Boyé's [2]) grés inférieur du lias, den wir übrigens auf der späteren [3]) „Carte géologique des environs de Longs le Saunier" von demselben Autor als Keuper colorirt finden. Die wahren Aequivalente der grés infraliasiques von Luxemburg, dem Dép. de la Moselle und Schwaben sind im franz. Juragebirge die ersten Lagen mit *Gryphaea arcuata*, die Marcou als couches de Schambelen abtrennt.

---

[1]) Marcou: lettres sur le roches du Jura. Paris 1857.
[2]) Boyé: Mém. de la soc. d'Émulation du Doubs. vol. 3. p. 10. Bésançon 1844.
[3]) Boyé: Mém. de la soc. d'Émulation du Jura 1851.

Es ist hier wohl der Ort, darauf aufmerksam zu machen, dass die Sandsteinzone der Contortaschichten und höherer liassischer Niveau's in Frankreich lange und vielfach mit einander verwechselt worden sind. Die grés d'Hettange, de Kédange, de Louxembourg, des Ardennes, de Vic, de Martinsart, de Varangéville, die Couches de Schambelen, ja Thirria's[1]) grés du lias, alles wurde mehr oder weniger in ein und dasselbe Niveau der grés infraliasiques verwiesen. Diese Verwirrung aufgeklärt zu haben, ist neben Marcou das Verdienst Levallois's[2]) der erst in neuerer Zeit bei Kédange (Moselle) die relative Lage dieser verschiedenen Sandsteinniveaus entwirrte.

Levallois nennt die Sandsteine der Contortazone grés infraliasiques (oder suprakeupériens). Zu ihnen gehören die grés de Kédange und Thirria's grés du lias, der untere Theil des grés de Martinsart, der grés de Varangéville, de Helmsingen, de Loevelange, Beaumont's grés infraliasiques im dép. der haute Saône und Martin's unterstes Niveau der groupe infraliasique.

Das Niveau der grés d'Hettange, sowie Beaumont's grés infraliasiques in Luxemburg und dem dép. de la Moselle und der mittlere Theil der groupe infraliasique von Martin, der Sandstein von Luxemburg, der Ardennen und von Vic dagegen, gehören in den Lias hinein, in die Zone der *Gryphaea arcuata*.

In den Departements der Meurthe, Mosel und Maas, sowie in Luxemburg und Belgien kennen wir die Contortazone ununterbrochen am obersten Keuperrande einherziehend, aus den Darstellungen von Oppel, Levallois, Terquem und Piette. Schon 1857 theilte Herr Prof. Oppel[3]) die Auffindung des bonebed in der Nähe von Luxemburg mit. Herr v. Hövel hatte

---

[1]) Thirria in Statistique géologique de la Haute Saône p. 262.
[2]) Levallois: La question du grés d'Hettange. Bull. soc. géol. de France, tome 20 p. 224 Jahrg. 1863.
[3]) Oppel. Weitere Nachweise etc. Sitzber. der math. natw. Cl. k. k. Akad. der Wiss. Bd. 26 p. 7.

es dort zwei Stunden SO. von dieser Stadt bei Dahlheim nachgewiesen und auch an der Wolfsmühle bei Ellingen in dem darunterliegenden grauen, harten Sandsteine die Muschelreste der Contortaschichten gefunden. Zu dieser ersten Localität gesellte sich bald durch die Nachforschungen der schon genannten Gelehrten eine ganze Reihe neuer interessanter Erfunde, die das Vorhandensein der Contortabildungen von Rossignol in Belgien an bis in das Meurthe-département feststellten. Terquem und Piette [1]) geben zur Beurtheilung der allgemeinen stratigraphischen Verhältnisse in diesem Gebiete folgendes Profil:

12m. { Conglomerat aus kleinen Quarzgeröllen, die durch einen kieselig thonigen Cement verbunden sind. Darin zahlreiche *Wirbelthierreste* (bonebed).
Grünlicher grobkörniger Sandstein von lockerem Gefüge.
Grauer Mergel, sandig, schiefrig, mit Schwefelkies.
Gelber Sandstein mit Braunstein.
Conglomerat mit *Wirbelthierresten* (bonebed).
Gelber Sandstein mit Braunstein.
Bunte Keupermergel.

Wir haben also hier, wie in Mitteldeutschland, wieder zwei bonebeds.

Muschelführende Schichten mit der *Avicula contorta* und zahlreichen schlecht erhaltenen Fossilien treten nur stellenweis in diesem Niveau auf, so bei Marsal (Meurthe) Flôcourt und St. Julien (Mosel) Ellingen und Villers sur Sémois (Luxemburg) und Harensart (Belgien); dennoch erkennt man es überall leicht durch das bonebed, auch die *Anodonta postera* stellt sich wieder in ziemlicher Häufigkeit ein.

Von eigentlichen Liasmuscheln, als welche Martin in seinem später zu besprechenden Werke einige schlechterhaltene Steinkerne bestimmt, hat Piette in dem ganzen von ihm untersuchten Districte keine Spur in den Contortaschichten zu entdecken ver-

---

[1]) Terquem et Piette. Le lias inférieur de la Meurthe etc. Bull. soc. géol. de Fr. 1862 I. sér tome 19 p. 322.

mocht. Auch die Lagerungsverhältnisse sind hier von der Art, dass eine innige Beziehung unserer Zone zum Keuper ersichtlich wird. Den bunten Mergeln desselben innigst durch Wechsellagerung verbunden, befindet sie sich in vollkommner Concordanz der Lagerung mit denselben. Sie begleitet den Keuper überall, erleidet mit ihm dieselben Verwerfungen und Beugungen und verschwindet an der Basis des Lias, wo er zur Seite der paläozoischen Gebilde der Ardennen aufhört. An der Mühle bei Lövelingen (Luxemburg) findet sogar eine deutliche Discordanz der Lagerung zwischen Contortaschichten und Lias statt, an anderen Orten ist sie weniger deutlich ausgeprägt und nur durch übergreifende Lagerung des Lias angedeutet.

„Die Epoche des Absatzes der Contortaschichten, sagt Piette, war für unseren Planeten eine Epoche steter gewaltiger Verwirrungen. Aus dem Meeresgrunde erhob sich plötzlich die Bergkette des thüringer Waldes, die rothen Sandsteine erschienen wieder über dem Wasser, die Mergel des Keupers wurden mannigfach gebogen und verworfen. Inmitten dieser Bewegungen erhielt das alte Thonschieferplateau der Ardennen, dessen Felsen schon seit lange einen Theil des Continents bildeten, einen gewaltigen Stoss: seine östlichen Küsten hoben sich, und brachten die, im Schoosse des Meeres neu gebildeten Schichten ans Tageslicht: die westlichen Küsten versanken und wurden von den Wellen bedeckt, so dass nun in den Départements der Meurthe und Mosel, in Luxemburg und einem Theil von Belgien das Jurameer Ufern begegnete die aus dem bonebed und Keupermergeln bestanden, während es in einem andern Theile von Belgien und in dem französischen Dép. der Ardennen gegen die steilen, abgerissenen Thonschieferwände das terrain ardoisier brandete. Die Ablagerungen dieses Liasmeeres bedecken den Keuper in den Landen östlich Jamoigne, — sie ruhen auf paläozoischen Schichten ohne Vermittlung der Trias in der ganzen Region westlich von diesem Dorfe."

An der Hand Levalloi's [1]) wenden wir uns jetzt weiter

---

[1]) Levallois: Aperçu de la constitution géologique du dép. de la Meurthe. Nancy 1862.

nach Süden. Die Verhältnisse bleiben sich immer noch ziemlich gleich, nur bemerken wir im Fortschreiten eine stetige Abnahme der Mächtigkeit unserer Zone, der grés infraliasiques, die sich als schmales Band ununterbrochen am oberen Keuperrande entlang durch das dép. der Meurthe bis in das des Doubs, bis gegen Basel hinzieht, häufig noch in einigen Bänken mit den Keupermergeln wechsellagernd. So führt sie unser Gewährsmann, bei Chateau salins, Vaxy, Grémecey, Salival, Nancy und andern Orten an.

Gehen wir nun zu der zweiten Gruppe von Vorkommnissen der Contortazone in Frankreich über, in das Gebiet der „Arkose" am Rande des centralfranzösischen Urgebirgskernes.

Zunächst was ist Arkose? Wie kommt die Bezeichnung einer Felsart, eines Conglomerates dazu, ein geologisches Niveau zu characterisiren? Darüber, über die Genesis dieses Namens, gibt uns Martin [1]) den gewünschten Aufschluss.

„Der Ausdruck Arkose, sagt Martin, stammt von de Bonnard [2]) der damit einen mineralogischen Begriff im geologischen Sinne nimmt. Er bezeichnet mit dem Namen kein bestimmtes Niveau, das heisst vielmehr, er verwechselt alle jene Niveau's in denen Arkose und Sandstein vorkommt, mit einander (oberen und unteren Keuper, ja metamorphische Gesteine). Noch weiter geht Rozet,[3]) der die Arkose des Infralias mit *Gryphaea arcuata* mit dem kieseligen Sandstein des terrain vosgien zusammenwirft und zwar weil die Arkosen, als das Product einer unruhigen geolo-

---

[1]) Martin: paléontologie stratigraphique de l'Infralias du dép. de la côte d'or. Mémoires de la soc. géol. de France. 2. sér. tome 7. Jahrg. 1859.
[2]) de Bonnard: notice géognostique sur quelques parties de la Bourgogne. Annales des mines 1825. 1. sér. tome X.
Sur la constance des faits géognostiques qui accompagnent le gisement du terrain d'arcose etc. Annales des mines 1828. 2. sér. tome IV.
[3]) Rozet: mémoire géologique sur la masse des montagnes qui sépare le cours de la Loire de ceux du Rhône et de la Saône. Mémoires de la soc. géol. de la France 1840. 1. sér. tome IV.

gischen Epoche nicht zu den ruhigen Ablagerungen des Jura stimmen."

„Dufrénoy und Élie de Beaumont[1]) stellen die Arkose zum Lias und trennen davon die lumachelle und die sandigen, granitischen Massen unter den bunten Keupermergeln, jedoch ohne bestimmte Grenzen zwischen den beiden Formationen, weil die Arkose des Infralias da, wo sie auf Granit liegt, durch ihre Grobkörnigkeit der unteren Keuperarkose sehr ähnlich wird."

„d'Archiac[2]) ist der erste, der in de Bonnard's Arkose coquillière nur eine locale Modification einer bestimmten Schicht an der Basis der *Gryphaea*zone sieht. Bei ihm finden wir auch die erste richtige und wissenschaftliche Erklärung der Arkose, als ein, an der Berührungslinie eruptiver Gebirgsmassen liegendes Gestein, welches in seiner kieseligen Grundmasse alle zerstreuten und losgebröckelten Theile derselben eingewickelt enthält, zu denen sich als secundäre Minerale dann noch Baryt, Bleiglanz, Eisenkies, Kupferkies, Flussspath und dergleichen, gesellt haben. Die Arkose ist darum sandig, hart oder zerreiblich, mehr oder weniger feldspäthig, mehr oder minder grobkörnig, zuweilen rauhwackenartig und durch Kieselmasse von verschiedener Beschaffenheit verbunden. Dabei ist das geologische Alter vollkommen gleichgiltig."

Martin selbst versteht endlich unter der Bezeichnung „Arkose" die sandigen oder mergeligen Conglomerate verschiedener Art, die zwischen dem Granit und den Mergeln des Keupers oder der lumachelle liegen. Seine Arkose entspricht daher der Definition von d'Archiac nicht, da es sich bei ihm nicht um eine Felsart, sondern um ein bestimmtes terrain, um das Niveau der Contortaschichten, handelt. Martin bemerkt, dass die Arkose allmälig ihren mineralogischen Character verändert, je weiter man sich von dem Heerde der Eruptionsgesteine

---

[1]) Dufrénoy et Élie de Beaumont: Éxplication de la carte géologique de France. tome II 1848.
[2]) d'Archiac: Histoire des progrés de la géologie. tome VII. 1856.

entfernt, sie verliert dann mit dem allmälig abnehmenden Kieselcement auch an Consistenz. Daher meint Martin, dass dies Gestein seine starke Cohäsion in manchen Gegenden Ausbrüchen von Kieselmasse und anderen Mineralsubstanzen verdankt. Während so d'Archiac und Martin die Bildung der Arkose auf feurigem Wege annehmen, erklärt Hébert[1]) ihre Entstehung auf nassem Wege. Er sieht in ihr das Product der durch zahlreiche Wildbäche bewerkstelligten Abwaschung jener Granitberge, die nach den Ablagerungen der Keuperzeit aus dem Schooss der Erde hervorbrachen, — ein neptunisches Gerölle, das am Fusse dieser Bergzüge die Unterlage der späteren ruhigen Ablagerungen des Liasmeeres zu bilden bestimmt war. Es lässt sich, man muss es gestehen, gegen diese Art der Anschauung wenig einwenden, denn sie erklärt vollkommen die Lage der Arkose am Rande des Granites, ihr allmäliges Verschwinden bei grösserer Entfernung von demselben und so weiter. Hier können blos die Lagerungsverhältnisse entscheiden, — liegt die Arkose concordant unter dem Lias, so ist sie ein absolutes Meeresproduct, weicht sie dagegen von dem Schichtenfall des Lias ab, so müssen wir sie als ein Contactproduct mit feuerflüssigen Massen ansehen. Leider scheint es nun, als ob die Hebung des Granitzuges von Centralfrankreich keine gar zu gewaltige Wirkung auf die gehobenen Formationen ausgeübt habe, ein Umstand, der sich vielleicht aus der Langsamkeit der Hebung oder aus der Nachgiebigkeit und geringen Consistenz der Keupermergel erklärt, welche ein schroffes Abbrechen der Schichte unmöglich machte. Eine bedeutende, überall ausgesprochene Discordanz zwischen Keuper und Lias in Frankreich finden wir bei keinem unserer Autoren angegeben, eine solche macht sich allein durch die übergreifende Lagerung bemerkbar, in der sich an vielen Orten die Liasschichten dem Keuper und auch noch der Arkose der Contortazone gegenüber befinden. Dieses Zeichen einer abweichenden

---

[3]) Hébert: note sur la limite inférieure du lias etc. Bull. de la soc. géol. de Fr. 1858. tome 16. p. 905.

Lagerung der Contortaschichten zum Lias veranlasst mich, der Martin'schen Ansicht von der Bildung der Arkose als der wahrscheinlicheren den Vorzug zu geben. Bis auf die interessanten Petrefactenfunde von Martin hielt man die Arkose in Frankreich für vollkommen versteinerungsleer und aus dem sie begleitenden Sandsteine kannte man nur wenige undeutliche *Muschelreste* und *Fucoiden*. Jetzt aber kennt man aus diesem Niveau eine ganze characteristische Formenreihe von Contortapetrefacten, wie sie der geologischen Lage der Schichten nach sich erwarten liess. Marcigny-sous-Thil, Montigny-sur-Armancon, Pouillenay und Sémur im dép. der Côte d'or sind die classischen Fundorte des Martin'schen Materiales. Ueberall sind die Petrefacten zahlreicher in der sandigen, als in der granitischen Arkose. Sie nehmen mit Ausnahme der beiden ersten Localitäten, wo sie tiefer liegen, immer das oberste Niveau der Zone ein. Das bonebed indessen scheint in diesem ganzen Zuge zu fehlen, nur am Mont d'or westlich Lyon fand Fournet [1]) einen *Saurierzahn*. Nach unten zu liegen die Schichten entweder unmittelbar auf Granit (so bei Mémont, Marcigny, Montigny und Sémur) oder auf den bunten Keupermergeln (bei Poullenay und Sémur), mit denen sie durch Wechsellagerung so innig verbunden sind, dass sich eine feste Grenze gegen den Keuper nicht angeben lässt. Dagegen ist die obere Grenze gegen den Lias hin ausserordentlich scharf: wo die letzte Sandsteinschicht liegt, erscheinen auch die ersten Kalkbänke. Dies Verhalten erhellt auf's deutlichste an den schönen Profilen, die Martin ausführt. Ich theile dasjenige von Pouillenay abgekürzt mit, um einen ungefähren Begriff der allgemeinen Lagerungsverhältnisse unserer Schichten in der Côte d'or zu geben:

8m. Gryphitenkalk.

5m. wechsellagernde Kalke und Mergel mit *Amm. Moreanus*

---

[1]) Fournet: géologie lyonaise 1861. p. 141.

2m.	Kalke und Mergel der Zone mit *Amm. Burgundiae*
4m.	wechsellagernde Sandsteine und Mergel der *Contortazone*
5m.	feinkörniger Sandstein wechselt mit gypsführendem Keupermergel
15m.	graue harte, kieselige Schiefer, metamorphosirte Keupermergel.

In ganz ähnlicher, wenn nicht gleicher Weise wie im dép. der Côte d'or finden wir die Contortaschichten in ihrem Zuge nach Süden über den Mont d'or Lyonnais in die département's des Gard und des Hérault entwickelt.

Ueber ihr Auftreten im Gebiet des Mont d'or finden wir eine Notiz von Dumortier in Fournet's „géologie lyonnaise" Lyon 1861 p. 109. Die Arkosen und Sandsteinen der Contortazone liegen hier auf Gneuss, sie wechsellagern häufig mit bunten Keupermergeln (am Wege von Limonest nach St. Didier) und führen in ihrem obersten Niveau eine röthlichgraue Dolomitbank, die ganz mit der *Avicula contorta* bedeckt ist (bei Limonest über dem Walde, östlich von dem Schlosse). In demselben Niveau tritt an anderen Stellen eine dünne Schicht harten grünlichvioletten Mergels mit schlecht erhaltenen *Trigonien (postera?)* auf und darüber folgen dann die untersten Lagen des Sinémurien.

In den dép. Gard und Hérault sind die Contortaschichten von Herrn Hébert nachgewiesen und in dem schon vorhin erwähnten Aufsatze [1] beschrieben worden, zwar ohne dass der Verfasser

---

[1] Hébert: Note sur la limite inférieure du lias et sur la composition du trias dans les départements du Gard et de l'Hérault. Bulletin de la soc. géol. de France 1858 tome 16, p. 905.

sie als solche bestimmt abscheidet, doch durch ihr geologisches
Niveau unschwer erkennbar. Die Arkose und der sie begleitende
Sandstein von Villefort (Lozère) liegt nämlich unmittelbar unter
den tiefsten Bänken des Sinémurien und auf dem Granit oder,
wie bei Aujac (Gard) auf Dolomit, mit dessen obersten Bänken
der Sandstein (grés infraliasique) noch wechsellagert, — oder
endlich auf den bunten Keupermergeln, wie bei Molières.
Deutlich lässt sich unsere Zone am unteren Liasrande in der
ganzen Ausdehnung des vorliegenden Gebietes verfolgen, von dem
Gebirgszuge der Margéride an bis in den weiten Golf bei
Mende, am Fusse des Mont Lozère und der Berge von Vivarrais entlang bis Olmet und Villacun, südwestlich von Lodève.
Von Versteinerungen hat sich in diesem ganzen Zuge leider keine
Spur auffinden lassen, so dass eigentlich das Vorkommen von
Contortaschichten hier noch zweifelhaft bleibt.

Wir haben in den vorigen Blättern gesehen, wie ausgedehnt
ohne Unterbrechung die Repräsentanten der Contortaschichten
sich auf der Ostseite des pariser Beckens und des granitischen
Centralplateau's von Frankreich zeigen. Auf der Westseite nun
ist unsere Zone merkwürdigerweise noch gar nicht angeführt
worden, mit Ausnahme einer einzigen Andeutung von Süss[1]) der
ihre Aequivalente in dem Calcaire d'Orglande der Normandie
vermuthet, worin *Pecten Valoniensis* liegen soll. Es ist wol mit
Gewissheit zu erwarten, dass spätere Untersuchungen uns auch
am Süd-, West- und Nordrande des französischen Centralgranits,
an den auf meiner Karte muthmassend angedeuteten Punkten die
Contortaschichten werden kennen lehren.

Die Alpen.

Wir betreten jetzt eine, von allen vorherbeschriebenen Zonen
und jeder einzelnen derselben, gleich weit verschiedene Entwick-

---

[1]) Süss: Ueber den geol. Horizont der kössner Schichten. Zeitschr. deutsch
geol. Ges. 1856. Bd. 8. p. 529.

lungssphäre der Contortaschichten, die Alpen und ihre Vorberge und Ausläufer. Schon im Anfange der vorliegenden Arbeit wurde in allgemeinen rohen Zügen das Wesentliche dieser Verschiedenheit angedeutet und wir werden dieselbe jetzt bis in's Detail zu verfolgen haben. Der petrographische Character unserer Zone modificirt sich in den Alpen, wo der kohlensaure Kalk ein so ungeheures Uebergewicht gewinnt, ebenfalls zu einer mehr oder weniger kalkigen Mergelbildung von dunkler, grauer bis schwarzer Farbe. Sandsteine oder Conglomerate sind so wie reiner Thon und Lehm fast gänzlich ausgeschlossen. Die mergelige Beschaffenheit des unteren Theiles der Contortaschichten macht ihr Verwitterungsproduct zu dem fruchtbarsten, von üppigem Pflanzenwuchs bekleideten, quellenreichen Alpenboden, der in langem Zuge hingedehnt oder oasenartig hervortretend, schon von aussen lebhaft gegen die dürre nackte Unfruchtbarkeit der benachbarten Kalkfelsen absticht.

Die Mächtigkeit dieses Schichtencomplexes wechselt in dem weiten Bereiche der Alpen ausnehmend, sie nimmt im Allgemeinen gegen Osten zu. Denn während sie im Vorarlberg und dem Rhätikongebirge 30—40 Fuss nicht leicht übersteigt, beträgt sie bei Kössen schon mehrere hundert Fuss. Südlich in den lombardischen Alpen wächst sie sogar bis zu 1000 Fuss an. Die Angaben der Mächtigkeit der „kössner Schichten" aber werden in den Alpen immer an einer bedeutenden Unsicherheit leiden müssen, so lange man nicht vollständig darüber einig ist, wo man die Grenzen derselben zu ziehen hat. Und wir finden diese Unsicherheit sowol in Bestimmung der oberen Grenze, gegen den Lias weil das bonebed gänzlich fehlt, als auch nach unten gegen die Plattenkalke oder den Hauptdolomit des Keupers. Um die verschiedenen Ansichten über diesen Punct richtig beleuchten zu können, füge ich hier ein ganz allgemeines Profil der Verhältnisse der Grenzschichten zwischen Keuper und Lias in den Alpen ein, wie sie namentlich durch die ausgebreiteten Untersuchungen Gümbels constatirt sind. An diesem Profil werde ich versuchen die drei divergirendsten Anschauungsweisen zu vergleichen, an deren Spitze die berühmten Namen v. Hauers, Gümbels und Stoppanis stehen.

g. graue Liasschiefer, sehr mächtig	Hierlatzschichten, Lias γ.
f. rothe Liaskalke mit *Amm. Jamesoni, amaltheus, lineatus, Valdani* etc. 20 Klafter	Schichten von Adneth, Lias β.
e. gelber Kalk mit Hornsteinconcretionen. Enthält *Amm. angulatus* und gekielte *Arieten*	Grestner Schriften, Enzesfelderkalk. Lias α. Angulatuszone. Saltrioformation.
d. weisser Kalk mit „Hirschtritten" den Durchschnitten *Megalodus* artiger Muscheln u. *Korallen* 10'—1000'	Gümbel's Dachsteinkalk. Escher's Megaloduskalk. v. Hauer's oberer Dachsteinkalk.
c. System dunkelgrauer Mergelschiefer und Mergelkalke mit *Avicula contorta* und zahlreichen Petrefacten 40'—1000'	Kössner-, Starhemberg-, Gervillienschichten. Contortazone.
b. Plattig geschichteter Dolomit ohne Versteinerungen	Gümbels Plattenkalk.
a. Massiger Dolomit von heller Farbe mit *Cardium triquetrum* Wulf. Mehrere 1000 Fuss.	Hauptdolomit. v. Hauer's unterer Dachsteinkalk.

Herr v. Hauer und die Geologen der österreichischen geologischen Reichsanstalt sehen die Contortaschichten (c) die sie für Lias nehmen, als Einlagerung in dem Dachsteinkalk oder

Hauptdolomit (a, b u. d) an, durch welche eine Trennung desselben in ein oberes und ein unteres Niveau motivirt wird.[1]) Es würde wegen des angeblich liassischen Characters der Contortazone daraus folgen müssen, dass auch der ganze Hauptdolomit des Keupers noch zum Lias gehört.

Herr Bergrath Dr. Gümbel dagegen hält streng die Scheidung von Hauptdolomit (a. b.) und Dachsteinkalk (d) aufrecht, er verbindet letzteren (d) vielmehr mit den kössner Mergelschichten (c) als deren oberes Niveau und weist ihre Zusammengehörigkeit durch eine Reihe übereinstimmender organischer Reste nach. Nur der *Megalodus scutatus* ist seiner Ansicht nach in dem Dachsteinkalk (d) und Hauptdolomit (a. b.) identisch, ein Umstand, der ihm die Zugehörigkeit des ersteren (d) und der darunter liegenden kössner Schichten (c) zum Keuper noch plausibler macht.

Herr Prof. Stoppani verbindet die kössner Mergelschichten (c) und den Dachsteinkalk darüber (d) zu einem étage infraliasien, so zwar, dass die kössner Schichten, in 2 Niveaus unterschieden, (Zone der *Ter. gregaria* oben und Zone der *Bactryllien* unten) als Aequivalent des bonebed und der Contortaschichten den untern Theil dieses étage, — der Dachsteinkalk, als Repräsentant der *Planorbis*- und *Angulatus*zone seinen oberen Theil bilden.

Die Verschiedenheiten der Auffassung, die wir hier finden, rühren theils von dem verschiedenen Beobachtungsgebiete, theils von der originalen, individuellen Anschauung der Verhältnisse und Beziehungen her. Um einen Anhalt zur Beurtheilung der dabei leitenden Gründe zu gewinnen ist es nöthig, die Erscheinungen vorzuführen, die Umstände zu schildern, unter denen die Contortaschichten in dem ganzen grossen Gebiete der Alpen sich verschiedenartig entwickelt zeigen.

Ihrem schon oft erwähnten petrographischen Character nach

---

[1]) Hr. v. Hauer zieht sogar die Enzesfelder Kalke (e) noch in den Bereich der kössner Schichten. (Siehe das Verzeichniss von Versteinerungen in Jahrb. d. Reichsanst. 1853. p. 730.)

bestehen sie überall aus mehr oder weniger dunkel grauen bituminösen Kalken von ausgezeichneter Schichtung mit untergeordneten schwarzen *Crinoiden*kalken und zwischengelagerten thonreichen Mergelkalken und grauen schieferigen Thonmergeln, die bei der Verwitterung eine gelbe oder braune Farbe annehmen. Gümbel unterscheidet;
a. schiefrig
  1. Mergelschieferthon und
  2. Mergelschiefer,
b. kalkig
  3. Cementmergel,
  4. Lebermergel — dieser gelb, jener grau verwitternd —
  5. Muschelplatten,
  6. Oolithmergel, worin Foraminiferen,
  7. Schalenkalk, mit weissen späthigen Muschelschalen erfüllt,
  8. Muscheldolomit mit Steinkernen und
  9. Kalkplatten, dünnschichtig dolomitisch mit späthigen Muschelresten,
c. accesorisch
  10. Gyps und
  11. Brauneisenerz, aus der Verwitterung des Lebermergels oder Eisenkieses entstehend.

In verschiedenen, tieferen oder höheren Niveaus sind häufig *korallen*reiche Schichten (Lithodendronkalk, banc madréporique) eingelagert als graue plattenförmige, bituminöse reine Kalksteine, in denen sich häufig auch *Gasteropoden* finden. Wenn ich nicht irre, so stellt Herr Bergrath Gümbel dasselbe Gestein als „grauen Dachsteinkalk" in ein höheres Niveau.

Um von dem stratigraphischen Verhalten der Contortazone in den Alpen eine richtige Anschauung zu gewinnen, müssen wir nach einem Profile uns umsehen, das die, in dem vorliegenden Gebiete so wandelbaren Erscheinungen einigermassen fixirt und zugleich das characteristische derselben erkennen lässt. Vergebens suchen wir ein solches Profil an der typischen Localität von Kössen, obgleich uns hier alle unsere Schichten in grösster Entwicklung vollkommen aufgeschlossen vor Augen liegen, wir können sie nicht als characterisirendes Profil verwenden, weil die Beziehungen zu den, der Altersfolge nach zunächst liegenden Schichten, hier nicht ersichtlich sind. Diese finden wir am besten beobachtbar in dem schönen Aufschluss am Nordabhange des Monte Galbiga zwischen Grona und Bene, an der Strasse von Menaggio am Comosee nach Porlezza am Luganer See, einer Stelle, wo der Einblick in unser ganzes Schichtensystem stets durch einen Wildbach offen gehalten wird. Es ist dies derselbe Aufschluss, den schon Escher v. d. Linth in seinem classischen Werke[1]) angibt und den auch Stoppani in seinem „Essai sur les conditions générales des couches à avicula contorta" copirt hat. Auch ich muss ihn hier einschalten, da ich vielleicht nicht ohne Recht, in den Verhältnissen der Contortazone in der Lombardei, wo man sie so ausgezeichnet studiren kann, den Schlüssel für das Verständniss und die richtige Beurtheilung derselben in dem übrigen Gebiete der Alpen sehe. Etwas weiter südöstlich, am Abhang des Monte Crocione gegen den Comosee bei Tremezzo haben wir fast dasselbe Profil noch ein Mal. Die Schichten, in die hier der westliche Sporn des Seees schroff einschneidet, fallen gleichmässig etwa 45^0 S. Der Fussweg der von Viano bei Tremezzo den Bachriss entlang nach Bonzanigo führt, bringt uns an dem ganzen wohl aufgeschlossenen Schichtencomplex vorüber. In diesem Bachriss treten namentlich die unteren Mergelschiefer prächtig zu Tage, so wie die nächstliegenden Schichten der Kalke von Azzarola; gegen Bonzanigo sieht man dann die härteren Kalke der Contortazone und oberhalb dieses Ortes den Megaloduskalk des Sasso degli Stampi, so wie die darüberfolgenden Liasniveaus in schroffem Absturz blosgelegt.

In der natürlichen Reihenfolge von oben nach unten treffen wir da folgende Schichten:

23. 1000'—1200' rauchgrauer Liaskalk der Saltrioformation.
22. Dunkelgrauer Mergel, mit kleinen *Muscheln*, wie in 7.

---

[1]) Escher: geologische Bemerk. über Vorarlberg etc. p. 89.

21. Dunkelgrauer unreiner Kalk mit vorragenden unregelmässigen Zeichnungen *(Pflanzen?)*.
20. 50′ ungeschichteter Kalk mit *Pholas ungulata* (Sasso degli Stampi).
19. Kalkbänke, mit Mergeleinlagerungen *(G. inflata)*.
18. Kalkbänke mit einer Schicht voll platter *Terebrateln. (T. Schafhäutli.)*
17. Dunkelgrauer Kalk und sandige Mergelschiefer mit *C. austriaca, Pl. intusstriata, A. contorta, Trigonia u. Pholadomya lagenalis.*
16. Ungeschichteter Kalk mit karriger Oberfl., voll *Korallen*.
15. Schiefer und Mergel.
14. 80′—100′ massiger Kalk von dunkelgrauer Farbe in dicken Bänken voll *Korallen*, in den obersten Lagen *Megalodus*-ähnliche grosse Muscheln.
13. Schwarze Mergel mit *Av. contorta*.
12. Mächtige Kalke.
11. Schiefer und Kalk wechsellagernd mit *Av. speciosa* und *Reptilresten*.
10. 6′ grauer Fels, ähnlich dem Hauptdolomit, verwittert wie Rauhwacke.
9. 6′—8′ fette mergelige schwarze Schiefer mit schwarzen Kalkknollen, braun verwitternd mit *Gervillia inflata*.
8. 2′ Kalk.
7. 5′ schwarze Schiefer mit *C. austriaca, C. rhaeticum, A. contorta* und kleinen *Muscheln*.
6. 16′ Kalk.
5. 8′ schwarze Schiefer.
4. 50′ schwärzlicher Kalk.
3. Schwarze Schiefer wie 9 mit *A. speciosa?* und *Bactryllium striolatum*.
2. Schwärzlicher Kalk von muschligem Bruch, mehr als 100′ mächtig mit *G. inflata*.
1. Dolomit von Esino, Hauptdolomit.

Wir sehen aus diesem Profil, wie zwischen dem Hauptdolomit von Esino und dem Liaskalke von Saltrio ein äusserst mächtiges Schichtensystem von Mergel und Kalk sich aufbaut, in dessen unterem Theile die schiefrigen Mergel eine hervorragende Rolle spielen, während sie gegen oben allmälig verschwinden, um gewaltigen Kalkbänken Platz zu machen. Die Zonen der Mergelschiefer und Kalke sind hier aber nicht blos stratigraphisch, sondern auch paläontologisch verschieden, wie aus den sorgfältigen Studien Stoppani's [1]) hervorgeht. Für die untere, die „Zone der schwarzen Schiefer" sieht er die *Bactryllien* als leitend an, für die oberen kalkigen „Schichten von Azzarola" dagegen die *Terebratula gregaria* Suess. die *Ter. Schafhäutli* Stopp. Beide Niveaus enthalten die *A. contorta*. Wenn wir die Trennung in diese beiden Horizonte als normal ansehen, so gilt das doch blos für die Lombardei und hier zwar aufs vollkommenste durchführbar.

Anders am Nordrand der Alpen. Da will eine solche Scheidung gar nirgends gelingen, denn Mergelschiefer und Kalkbänke wechseln in der ganzen Höhe der Contortazone gleichmässig mit einander ab. Natürlich kann in manchem Niveau bald Schiefer, bald Kalk vorherrschend entwickelt sein, aber die Lage dieser Niveau's zeigt doch keine Spur von einer Gesetzmässigkeit. Constant finden wir dagegen als Ueberlagerung der kössner Schichten eine mehr oder weniger mächtige korallenführende Kalkbildung, die gewöhnlich erfüllt ist von Durchschnitten des *Megalodus scutatus* Schfh. Diese Kalkbank stellt Herr Bergrath Gümbel als oberes Niveau zu der Contortazone. Escher nannte sie Megaloduskalk, Prof. Stoppani nennt sie Dolomie supérieure. Diese Schicht ist auch in der Lombardei vorhanden. Sie ist hier als eine verhältnissmässig schwache (60'—300'), aber durch die ganze Lombardei aushaltende helle meist dolomitische Kalkbank entwickelt, die schon von weitem erkennbar, auch bei Bene und Menaggio den Monte Galbiga als weisser Streifen in halber Höhe umgürtet. [2]) Sie wimmelt auch hier, nament-

---

[1]) A. Stoppani: Essai sur les conditions générales des couches à avicula contorta en Lombardie. Milan 1861.
[2]) Nr. 14 und 20 in Eschers Profil.

lich am Sasso degli Stampi von den Durchschnitten der „Dachsteinbivalve."

Was Merian[1]) und Quenstedt[2]) schon lange vermuthet haben, das scheinen jetzt Stoppani's Untersuchungen zu bestätigen. Es gibt nemlich mehrere verschiedene „*Dachsteinbivalven*," die auch in ihren Niveaus verschieden sind. Die einen liegen im Hauptdolomit, die andern im oberen Dachsteinkalk. Die Unterschiede zwischen der Bivalve über und der unter den Contortaschichten gibt Stoppani schon in dem genannten Essai auf Seite 46 an. Sie bestehen im allgemeinen darin, dass die Bivalve unter den kössner Schichten, im Hauptdolomit (dolomie moyenne bei Stoppani) runde, weit auseinander stehende Wirbel hat, während die im Megaloduskalk kantige widderhornartig gedrehte und einander genährte Wirbel zeigt. Hieraus ergibt sich für die so häufig anzutreffenden Durchschnitte leicht die doppelte Form von Herzen und Hirschtritten oder Kuhtritten mit denen das Volk diese Dinge zu vergleichen pflegt, Bezeichnungen, die auch in der Wissenschaft Eingang gefunden haben. Im allgemeinen kann man wohl sagen, die „herzförmigen Durchschnitte der Dachsteinbivalve" deren Wirbel also einen runden Durchschnitt bieten, liegen im Hauptdolomit, die Hirschspuren mit den oben zugespitzten kantig durchschnittenen Wirbeln dagegen im Dachsteinkalk, — sie sind das was Herr Conservator Schafhäutl als *Pholas ungulata* bezeichnet hat und noch bezeichnet. Die auffallende Erscheinung, dass man diese und noch andere, in ihren Durchschnitten mehr oder weniger vergleichbare Formen so lange mit einander verwechseln konnte, erklärt sich leicht, wenn man bedenkt, wie äusserst schwierig das Herausschälen von vollständigen Exemplaren aus dem so harten Umgebendgesteine wird. Wer nicht gerade einen bestimmten paläontologischen Zweck verfolgt,

---

[1]) Merian: Ueber die Geologie der vorarlbergischen Alpen. Verhandlungen d. naturforsch. Ges. in Basel 1852. Bd. X. p. 150.
[2]) Quenstedt: Epochen der Natur. 1861. p. 545.

begnügt sich wol gern mit dem blossen visum der Durchschnitte, weil er sich dadurch allein schon sicher orientirt glaubt und die Verschiedenheiten ihrer Umrisse leicht durch die wechselnde Sectionsebene erklärt findet. Auch die im Dachsteinkalk oft stark vertretenen *Korallen* bieten uns nur wenig Anhaltspunkte für zuverlässige Bestimmung, denn ganz ähnliche Formen finden wir nester- und schichtenweise in den „kössner Schichten" und selbst in kalkigen Aequivalenten des Hauptdolomits dürften sie nicht ausgeschlossen sein.

Im Schosse der mergeligen „kössner Schichten" fallen uns 2 Schichten auf. Die Nr. 14 und 16 auf Eschers Profil, die als Vorläufer des *Megaloduskalkes* zu betrachten sein möchten. Die Schicht Nr. 14 führt sogar neben *Korallen Megalodus*-ähnliche Muscheln. Die höhere, Nr. 16 dagegen, die Prof. Stoppani als banc madréporique ausscheidet, entbehrt der letzteren überall. Sie liegt in der mergelig kalkigen Zone von Azzarola in einem, mit der Localität wechselnden Niveau. Die Lage dieses Niveaus lässt aber dennoch eine gewisse Gesetzmässigkeit beobachten, indem die in Rede stehende Korallenbank am Luganosee oben auf den Contortaschichten liegt und je mehr wir von da aus gegen Osten vorschreiten, eine immer tiefere Lage einnimmt, so dass sie bei Azzarola schon unter den jüngsten Contortaschichten liegt und im Val d'Erva die Mitte der kalkigen Zone einnimmt ein Niveau in welchen wir sie eine gute Strecke weiter nach Osten stets verbleiben sehen. In der Nähe des Gardasee's, bei Caino indessen finden wir sie bereits fast an der Basis der Azzarolakalke, d. h. immer noch über der Zone der schwarzen Schiefer. Eine ähnliche Gesetzmässigkeit im Niveau dieser Bank ist am Nordrande der Alpen, wie wir späterhin sehen werden, nicht zu bemerken.

Die geographische Verbreitung der Contortazone in der Lombardie ist leicht zu beschreiben, sie ergibt sich schon aus dem ebengesagten. In fast gerader Linie WNW nach OSO sehen wir sie zwischen dem Ostufer des Luganosee's und dem Westufer des Gardasee's ausgedehnt als breiter, von zahlreichen Flussthälern durchschnittener Streifen, der nur kurz vor dem Gardasee eine plötzliche Abbeugung nach NO erleidet und dann verschwindet, um in abweichender Entwicklung ungewiss in der Gegend von Trient noch einmal zu erscheinen.

„Der erste, der die Aufmerksamkeit der Geologen auf die „Schiefer von Guggiate" lenkte war wol Collegno[1]) der aus ihnen verschiedene vermeintliche jurassische Petrefactenarten anführt. Doch stellt er sie, ohne ein bestimmtes Niveau anzugeben, zu seiner ungeheuren Juragruppe und verwechselt sie bald mit dem Marmor von Varenna (liegt tiefer als die Esinoschichten) bald mit dem Kalk von Moltrasio (Lias, Saltrioformation). Die reiche Sammlung von Versteinerungen dieser Schichten, die von ihm und Trotti zusammengebracht war, wurde an d'Orbigny gesandt, der vielleicht über die wahre Natur der Schichten einigen Aufschluss hätte geben können, wenn er die Entdeckungen und Beobachtungen des italienischen Gelehrten weniger gleichgiltig behandelt hätte und die Versteinerungen aus den schwarzen Schiefern nicht mit denen des rothen Ammonitenkalkes von Erba u. s. w. verwechselt hätte. So jedoch zog er unerbittlich alle die Formen aus den höchsten Juraschichten, wie aus den tiefsten, in sein Toarcien zusammen"[2]) (Stoppani Pal. lomb. p. 25.)

Fast dieselbe Unsicherheit der Behandlung finden wir bei Studer.[3]) In der Beschreibung der lombardischen Querthäler ist fast nirgends mit Sicherheit ein Aequivalent der Contortazone wiederzuerkennen, nur auf p. 458 hilft uns dazu die Angabe einer Reihe von d'Orbigny bestimmter Petrefacten, aus den Schiefern von Guggiate. Wie wenig man damals noch in der Entwirrung der Verhältnisse vorgeschritten war, davon zeugt Studer's Ansicht (p. 478) „dass die Petrefacten am Comosee auf 2 Formationen zu deuten schienen: die schwarzen Kalke von Esino (ob. Keup.) Bellagio (Contortaschichten) und Moltrasio (Lias) auf die eine, der graue Kalk mit *Gasteropoden*kernen auf die andre. Die

---

[1]) Collegno: Sui terreni stratificati delle Alpi lombarde (Bibl. Ital. 1845 tom X. p. 176). — Elementi di Geologia 1847. p. 263.
[2]) d'Orbigny: Cours élémentaire de Paléontologie et Géol. stratigr. tome II. p. 466. Prodrome 9. étage.
[3]) Studer: Geologie der Schweiz. Zürich 1851. Bd. I.

Villa setzen den grauen unter den schwarzen, Curioni kehrt die Sache um. Es ist aber leicht möglich, dass zweierlei Dolomite, einer unter, der andere über dem schwarzen Kalk vorkommen, da dieser selbst häufig in Dolomit übergeht." Wir sehen, wie auch Studer alles von den Esinokalken bis zu den Jurakalken in ein System zusammenwirft, das er zum untern Lias stellt.

Merian[1]) ist schon weit genauer in der Begrenzung dessen, was er als Aequivalente der Cassianbildungen ansieht. Durch Petrefactenfunde gut characterisirt, kennt er sie schon aus Val Seriana, Val Imagna, von Bellaggio und Menaggio.

Ein Jahr später erschien Escher v. d. Linth's bekanntes Werk[2]), das erste, in dem auch einige der häufigsten Petrefacte der Contortaschichten abgebildet sind. Hier finden wir zuerst die bedeutsame Parallele zwischen den Schichten von Bene und Bellaggio und denen von der Scesa plana nachgewiesen. Zahlreiche Profile und ideale Durchschnitte erläutern die schwierigen Lagerungsverhältnisse.

Diess waren jedoch nur die Vorarbeiten zu jener ersten bewunderungswerthen geologischen Karte der Schweiz, die im Jahre 1855 erschien, und auf der wir unsere Schichtenzone am Nord- und Südrande der Alpen bereits als identisch erkannt sehen, denn hier wie dort sind sie als „Kössner Schichten,[4]" bezeichnet.

Das gleiche Beobachtungsgebiet untersuchte mit ähnlichen Resultaten zu derselben Zeit Herr Balsamo-Crivelli und Omboni[3]), aber verwirrt durch die Angabe von Keuperformen bei Escher und die Jurapetrefacten d'Orbigny's kann sich Omboni nicht entscheiden, ob er die Schichten zum Keuper oder Lias stellen soll.

Entschieden schliesst sich der Escher'schen Anschauungs-

---

[1]) Merian: Aufsatz in Verhandl. naturf. Gesellsch. in Basel. 1852. Bd. 10. p. 147 u. 156.
[2]) Escher v. d. Linth: geologische Bemerkungen über das nördliche Vorarlberg und einige angrenzende Gegenden. Zürich. 1853.
[3]) Omboni: Série des terr. sédim. de la Lombardie. Bull. soc. géol. de France. 2. sér. tome 12. p. 517.

weise Herr Curioni[1] an), der die „schwarzen Kalke und kohligen Mergel" der Contortazone am östlichen Ufer des Iseosees untersucht hat. Er hält sie für eine mergelige Facies der Cassianschichten und sucht ihre abweichende stratigraphische Lage durch Ueberkippung zu erklären. 1857 erschienen Stoppani's interessante „Studii" [2]), in denen wir zuerst die Schichten der Contortazone in zwei Niveau's, ein unteres schieferiges und ein oberes kalkiges getrennt sehen, und zwar so vollkommen, dass zwischen diesen beiden Niveau's die Grenzlinie zwischen Keuper und Lias hindurch gezogen wird. Auf p. 107 erfahren wir zugleich, wie der Verfasser bisher die Contortaschichten als oberste Keuperglieder betrachtet hat, dass er aber durch H. v. Hauer von ihrem liassischen Character überzeugt wurde, ja wir finden als Bekräftigung dieser Ansicht eine Reihe von Liaspetrefacten aus der Contortazone citirt, nemlich:

Diadema subangulare,
Ostrea Marshii,
„ *gregaria,*
„ *solitaria,*
Spiriferina octoplicata,
Spirifer Walcotti,
Isocardia tener,
Leda doris,
Arca imperialis,

Formen, die wir merkwürdiger Weise in Stoppani's späterer Paléontologie Lombarde nicht wiederfinden, mit Ausnahme von *Ostrea Marshii* und *Arca imperialis,* die jedoch beide hier mit einem Fragezeichen versehen sind. Die Angabe zahlreicher neuer Fundstätten von Petrefacten vermehrt noch das Interesse dieser Schrift. Die reichsten davon sind Predore am Iseosee und die Azzarola zwischen Lecco und der Santa, eine unfruchtbare Ge-

---

[1]) Curioni: Sulla successione normale dei terreni etc. (Memorie dell' Ist. Lomb. 1855. tom 5. p. 334.) und Appendice alla memoria sulla successione (Atti dell' Ist. Lomb. 1857. tome 7. p. 123).

[2]) Stoppani: Studii geologici e stratigrafici. Milano 1857.

gend auf der Halbinsel von Bellaggio, wo auf dem kleinen Umkreise von 20 Quadratmetern der obere Theil der Contortazone in einer Mächtigkeit von etwa 50 Fuss, bedeckt von dem banc madréporique aufgeschossen ist. Von hier rührt das schöne paleontologische Material von Herrn Professor Stoppani, das Resultat jahrelanger fleissiger Aufsammlung.

Eine sehr auffallend von dem Bekannten abweichende Entwicklungsart der Contortaschichten beschreibt uns Emmrich[1]) von Trient. Im Thal des Nocebaches, dem Val di Nou und auf dem Wege von Trient über Cognola nach Civezzano sieht man sie in einem Steinbruch als mächtige oolitische Kalke anstehen, in welchen der „Dachsteinkalk" mit *Megalodus* und *Terebratula grestenensis* eingelagert ist. Auch Lithodendronkalke kommen hier vor. Die ganze Gruppe liegt auf dem Fassaner Dolomite.

Das Bullétin der geol. Ges. von Frankreich bringt ferner einen kleinen interessanten Aufsatz von Mortillet[2]), der die localen Verhältnisse der Contortaschichten von Predore schildert. Sie liegen hier, schleifenartig zusammengebogen, zwischen Liaskalken.

Von mehr Wichtigkeit sind für uns sodann zwei Aufsätze in den Jahrbüchern der Reichsanstalt von 1858. Hier finden wir auf Seite 139 zuerst eine kürzere Notiz von Herrn Stoppani,[3]) die systematische Stellung der Contortaschichten betreffend. Herr Stoppani unterscheidet hier in einer, dem untersten Lias zugestellten Gruppe, die den Namen „Dachsteinkalk" führt, folgende 3 Stufen.

3. Oberer Dolomit mit wenig Fossilien und *Card. trigueter*.
2. Kalk, mit *Madreporen* erfüllt.
1. schwarze Kalkschiefer und Mergel mit *Gervillia inflata* (Schichten von Azzarola).

---

[1]) Emmrich: geognostische Notizen aus der Gegend von Trient. Jahrb. d. Reichsanst. 1857. p. 295.
[2]) G. Mortillet: Note géologique sur Palazzolo et le lac d'Iseo en Lombardie. Bull. soc. géol. de France. 1858. tome 16. p. 888.
[3]) Stoppani: Notizen über die oberen Triasgebilde der lombardischen Alpen. Jahrb. Reichsanst. 1858. p. 137.

Wir werden diese Anschauungsweise späterhin mit einigen Modificationen bei den österreichischen Geologen wiederfinden.
Der zweite Aufsatz rührt von Herrn v. Hauer[1]) und behandelt auf p. 473 ff. die Verhältnisse der Contortazone in der Lombardei vergleichend mit denen in den österreichischen Nordalpen. Hier wie dort, sagt Herr v. Hauer, seien Dachsteinkalk und kössner Schichten noch nicht von einander trennbar, da die letzteren den ersteren in verschiedenen Niveaus eingelagert seien, — dies gehe auch aus Stoppani's Untersuchungen hervor. Wenn die Verhältnisse in den österreichischen Alpen für diese Ansicht sprechen mögen, so muss ich doch darauf aufmerksam machen, wie Stoppani's Darstellungen sämmtlich von einer festen Stellung der Contortaschichten in der Lombardei zwischen der Dolomie moyenne mit der Fauna von Esino und der Dolomie supérieure zeugen, zwischen 2 Niveau's, in denen Stoppani sogar die Verschiedenheit der „Dachsteinbivalve" nachweist. Herr v. Hauer theilt uns freilich selbst die Ansicht von Curioni „dem erfahrensten der lombardischen Geologen" mit, derzufolge der Dachsteinkalk mit *Cardium triqueter* Wulfen ein tieferes Niveau (obere Trias) einnimmt, während der mit *Megalodon scutatus* Schafh. über den kössner Schichten, zum Lias gehört, — doch er schliesst sich der Ansicht von der Trennbarkeit dieser beiden Niveaus nicht an und spricht es auch aus, dass Merian, Escher und Guembel das Wort „Dachsteindolomit" in zu enger Bedeutung gebrauchen, wenn sie damit blos die Dachsteinkalke über den kössner Schichten bezeichnen, denn die ganze Masse des Hauptdolomits unter den kössner Schichten sei auch Dachsteinkalk.

Diess ist gewiss wahr und zwar so sehr, dass wir z. B. auf Fötterle's geognostischer Karte des österreichischen Kaiserstaates den grössten Theil des Dachsteingebirges mit der Farbe des Hauptdolomites colorirt finden. Oberer Dachsteinkalk ist hier sogar gar nicht einmal angegeben, und wir ersehen daraus, wie

---

[1]) v. Hauer: Erläuterungen zu einer geognostischen Uebersichtskarte der Lombardei. Jahrb. Reichsanst. 1858. p. 445.

untergeordnet derselbe hier am Dachsteingebirge wol sein muss. Die Wahl einer solchen Localbezeichnung „Dachsteinkalk" war darum keine besonders glückliche, denn dieser Name würde in der That, wie H. v. Hauer meint, eher auf den Hauptdolomit passen.

Wir dürfen Italien noch nicht verlassen, ohne zuvor über das Auftreten der Contortaschichten am Golfe von Spezia in den Bergen bei Pisa in den apuanischen Alpen einige Worte einzuschalten. Dieses äusserst interessante Vorkommen bietet der Erklärung so manche Schwierigkeiten, an deren Lösung sich schon viele und namhafte Gelehrte versucht haben, unter andern auch Studer und Murchison. Die neueste Bearbeitung dieses Gegenstandes verdanken wir Herrn Capellini,[1]) der durch Vergleichung seiner Petrefactenfunde mit den Stoppani'schen Species von Azzarola uns zuerst Sicherheit über das Alter einer Schicht verschafft, die man bisher vielfach mit jüngeren und älteren Formationen verwechselt hatte. Wir wissen jetzt, dass es auch hier gut entwickelte Aequivalente der Contortaschichten gibt, die sich auch petrographisch auf's innigste den lombardischen Vorkommnissen anschliessen. Zum Verständniss der Verhältnisse dieser Zone bei Spezia möge folgendes Profil dienen, welches von der punta del Corvo über Bianca zur Batterie S. Croce di Magre verläuft:

Lias	Belemnitenschichten, Rosso ammonitifero und Posidonomyenschiefer.
Megaloduskalk	Dolomit, an dessen Basis der Portoromarmor.

[1]) Capellini: Studi stratigrafici e paleontologici sull' Infralias nelle montagne del Golfo della Spezia. Bologna 1862, in den Memorie dell' Academia delle scienze dell Istituto di Bologna 1862. tom. 1. ser. 2.

Infralias	schwarzer fossilreicher Kalk von Tiro, wechsellagernd mit Schiefern.
	Schiefer mit Bactryllien.
Hauptdolomit	Eisenschüssiger höhlenreicher Dolomit.
Keuper	Verrucano, Quarzit und verschiedenfarbige Schiefer und Kalke.
	Paläozoische Schiefer.

So liegen die Schichten auf der Ostseite des Golfes von Spezia bei Capo Corvo. Der Golf selbst liegt aber auf einer Verwerfungsspalte und ist westlich von der Halbinsel von Coregna begrenzt, wo wir die Schichten steil auf den Köpfen stehen sehen. Die Inseln Tiro, Tiretto (auch Tino, Tinetto genannt), und Palmaria, die Fortsetzung der Halbinsel von Coregna dagegen zeigen uns die ganze Schichtenfolge verkehrt, die Schichten sind hier übergestürzt.

Dieses Verhalten erkannt zu haben ist das Verdienst Studers. Es war bisher die Hauptveranlassung zu falscher Deutung der betreffenden Schichten.

So sah z. B. Savi 1833[1]) die fossilreichen grauen Mergelkalke auf Tiro für jünger als den Macigno an. Zehn Jahre später finden wir dieselben als Jura gedeutet auf der vergleichenden Tabelle zu einem neuern Mémoire desselben Verfassers.[2])

---

[1]) Savi: Tagli geologici delle Alpe Apuane e del monte Pisano e cenno sull' isola Elba in Nuovo giornale dei letterati Pisa 1833. tom. 27.
[2]) Savi: Memoria sopra i carboni fossili delle Maremme. Pisa 1843.

Hoffmann[1]) erwähnt aus dieser Zone merkwürdigerweise nur Liaspetrefacten, obgleich Emmrich ihre Bestimmungen geliefert hat. Dieses erklärt sich jedoch leicht aus der Jahreszahl 1832, — zu der Zeit hatte Emmrich die kössner Schichten noch nicht gekannt.

Sismonda[2]) hält die schwarzen Kalke vom Monte Coregna, der Westküste des Golfes von Spezia für Lias, während er dieselben Kalke bei Capo Corvo an der Ostküste für Oxfordien ansieht und ihre stratigraphischen Verhältnisse zu einander durch Ueberstürzung und Umdrehung der Schichten zu erklären sucht.

Der Wahrheit viel näher kommt schon Pilla.[3]) Er weist uns zuerst auf die Aehnlichkeit der schwarzen Kalke mit denen am Comosee hin, und erklärt die stratigraphischen Schwierigkeiten aus einer Ueberkippung der Schichten auf der Westküste; den Portoro Marmor hält er für jung jurassisch. Eine spätere Notiz desselben Verfassers[4]) bestätigt diese Anschauungsweise um so energischer, weil auch Murchison, der die Gegend kurz zuvor besuchte, sich ihr angeschlossen habe.

Savi und Meneghini[5]) halten die Tiroschichten entschieden für Kreidebildungen, indem sie die stratigraphischen Verhältnisse der Westküste des Golfes und der Inseln als die normalen ansehen. Die 42, von ihnen angeführten Petrefacten stimmen aber durchaus mit keiner Kreidefauna, trotz den Vergleichen die von den Verfassern versucht werden.

Das wahre stratigraphische Verhalten der Formationen bei Spezia erkannte erst Studer.[6]) Das schöne Profil von dieser

---

[1]) Hoffmann: Reise durch Italien und Sicilien. Berlin 1832.
[2]) Sismonda: Osservazioni geologiche ecc. in Memorie dell Acad. delle Scienze di Torino ser. 2. tom. 4. Jahrg. 1842.
[3]) Pilla: Saggio comparativo dei terreni che compongono il suolo d'Italia. Pisa 1845.
[4]) Pilla: Notice sur le calcaire rouge ammonitifère de l'Italie. Bull. soc. géol. de France 1847. 2. sér. tome 9.
[5]) Savi e Meneghini: Considerazioni sulla geologia toscana. Firenze 1851.
[6]) Studer: Geologie der Schweiz, Zürich 1851. Bd. 1.

Stelle auf p. 25 zeigt uns auf der Ostküste des Golfes die Schichten in normaler Lage, bis zu den paläozoischen Glimmerschiefern hinab schwach gegen Westen einfallend. Auf der Westseite, am Monte Coregna dagegen sehen wir in sehr steiler, ja überkippender Stellung die Schichtenfolge von den Contortakalken bis zum Macigno hinauf vor uns. Den ganzen Complex von der Contortazone (d') an bis zum Conglomerat von Campiglia (h'') glaubt Studer nach den darin enthaltenen Petrefacten für Lias nehmen zu müssen.

Erst Collegno,[1]) der auch die lombardischen Alpen kannte, stellte die Gleichalterigkeit der Tiroschichten mit denen bei Bellaggio und die Aehnlichkeit ihrer petrographischen Charactere fest. Doch wie wir schon oben zeigten, wies er die betreffende Zone einem unbestimmten Niveau seines ungeheuren Jura zu.

Noch einmal sehen wir, bei Cocchi[2]) die Ansicht auftauchen, dass die Tirokalke Kreidebildungen seien, ja sie sollen speciell zum Neocom gehören, während die darunterliegenden höhlenreichen Dolomite und die ganze Verrucanogruppe paläozoische Gebilde darstellen sollen. Auch eine unbestimmte Angabe von etwas, dem Permian vergleichbarem an der oberen Grenze dieser Gebilde fällt uns auf.

Nur noch wenige Worte über die geologische Stellung der schwarzen Kalke von Tiro, die Capellini als Infralias bezeichnet, muss ich anfügen.

Wir finden nemlich bei Capellini ein Register von etwa 87 Petrefactenformen, leider ohne Abbildungen und genügende Beschreibung, von denen 37 nach Terquem's und Martin's species aus dem grés d'Hettange, 18 nach Stoppani als Contortaformen und 22 als neue Arten bestimmt sind. Wir müssten danach annehmen, dass bei Spezia sowol die Contortazone, als

---

[1]) Collegno: Nota sui terreni dei contorni della Spezia in: Memorie della Regia Academia delle scienze di Torino 1852. ser. 2. tom. 12.
[2]) Cocchi: Déscription des roches ignées et sédimentaires de la Toscane. Bull. soc. géol. de France 1856. 2. sér. tome 13.

auch die Aequivalente des grés d'Hettange vorhanden seien und diese Annahme hätte auch nichts gezwungenes, wenn nicht das Auftreten der dolomie supérieure über den schwarzen Kalken und Schiefern, aus denen die genannten Versteinerungen allein stammen, zu entschieden auf die Analogie der lombardischen Verhältnisse hinwiese, wo die schwarzen Azzarolakalke unter der dolomie supérieure nur die Contortazone repräsentiren. Da ich die Capellini'schen Originale nicht kenne, so weiss ich auch nicht, wie weit man hier entweder an die Möglichkeit einer unrichtigen Bestimmung der Petrefacten oder an abweichende geologische Verhältnisse glauben muss; das eine aber steht gewiss fest, und darauf kommt es uns ja hauptsächlich an, dass nemlich am Golf von Spezia und in seinen Umgebungen unzweifelhafte Contortaschichten vorhanden sind.

In welcher Beziehung aber dieses isolirte Vorkommen zu dem lombardischen Verbreitungsgebiete steht, ist nicht leicht zu sagen, denn obgleich auch der Urgebirgskamm der Alpen in der Gegend des Mont Blanc eine plötzliche Abbeugung gegen Süden erhält, indem er hier in das Beaumont'sche System der Westalpen (hor. 1—2) ja südlicher sogar in hor. 10—11, in das System des Viso einbiegt, so liegt doch, wollten wir vom Luganosee aus dieser Linie parallel folgen, der Golf von Spezia zu weit östlich davon ab, als dass ein Zusammenhang hier wahrscheinlich werden könnte. Natürlicher vielleicht dürfen wir ihn unter der breiten Ebene jüngerer Bildungen hinweg suchen.

Ehe wir nun weiter gehen, sei es mir gestattet, hier noch eine, wenn gleich negative Notiz einzuflechten über die vielfachen Angaben von Dachsteinkalk die wir in den Jahrgängen 1856—59 der Reichsanstalt von den Herren Lipold, Peters, Stur und Zollikofer[1]) aus Kärnthen, Krain, Untersteiermark, ja dem

---

[1]) Peters: Geol. Aufnahme in Kärnthen, Krain und dem Görzer Gebiete im Jahr 1855. Jahrb. Reichsanst. 1856. p. 629.
Lipold: Bericht über die geologischen Aufnahmen in Oberkrain im Jahre 1856. Jahrb. Reichsanst. 1857. p. 205.

südwestlichen Theile von Ungarn citirt finden. Diese Angaben scheinen sich, so viel ich beurtheilen kann, bloss auf den unteren Dachsteinkalk, d. h. den Hauptdolomit zu beziehen, nicht auf den Megaloduskalk.

Wie auf dem südlichen Abhange, so treffen wir auch den westlichen und nördlichen Rand der Alpen entlang die Contortaschichten in deutlicher Entwicklung an. Schon in der Provence in einigen Puncten angedeutet, scheinen sie im Bogen über den Südrand des Genfersee's nach Vorarlberg, an den Oberrhein zu ziehen. Von hier an trifft man sie dann in fast ununterbrochenem Zuge, oft sogar in 2—3 Aeste getheilt, in gerader Linie WSW nach ONO bis kurz vor Wien überall an. Dann verschwinden sie eine Strecke weit, im Donauthal durch jüngere Schichten überlagert, um in Ungarn, im mittleren und oberen Waagthale wieder aufzutauchen.

In der Provence hat Hébert[1]) die Contortaschichten bei Digne an dem Vorberge Champoran nachgewiesen. Sie liegen hier in einer Mächtigkeit von 73m. über der dolomie moyenne (Cargneule), dem Hauptdolomit und sind unmittelbar von *Angulatus*schichten bedeckt. Von grossem Interesse ist die Auffindung des bonebed ganz unten an der Basis der Contortaschichten, die hier, ähnlich wie in der Lombardei zwei petrographisch verschiedene Niveau's, ein schieferiges und ein oberes kalkiges bilden.

Im Dép. der Isére bei Vizille im Thale von Champ stehen nach Lory[2]) dieselben Schichten an, ebenso an vielen, leider nicht näher bezeichneten Stellen der Tarantaise (Bride-les-Bains), der

---

Lipold: geol. Aufnahme in Oberkrain. Jahrb. d. Reichsanst. 1858. p. 257.
Stur: Das Isonzothal, von Flitsch abwärts bis Görz. Jahrb. d. Reichsanst. 1858. p. 324.
Zollikofer: Die geologischen Verhältnisse in Untersteiermark. Jahrb. d. Reichsanst. 1859. p. 157.
Peters: geologische Studien aus Ungarn. Jahrb. d. Reichsanstalt. 1859. p. 483.
[1]) Hébert: Du térrain jurassique de la Provence. Bull. soc. géol. de France. tome 19. p. 100.
[2]) Lory: Bull. soc. géol. de France. tome 19. p. 720.

Maurienne etc., wie wir aus den Sitzungsberichten der société géologique [1]) von 1861 ersehen. Die Zone verhält sich nach Stoppani [2]) in diesen Gegenden ganz ähnlich, wie in der Lombardei, nur dass ihre Entwicklung eine weit geringere ist. An der Südseite des Genfersees, bei Meillerie und im Dransethal, sowie am Môle und Grammont finden wir nach Favre [1]) die Schichten mit *Av. contorta*, meist muldenförmig im Keuperdolomit eingelagert, reich an Petrefacten und daher leicht erkennbar wieder. Die Liste von Versteinerungen bei Favre zeigt uns, dass er die Contortaschichten für untersten Lias nimmt, denn die Bestimmungen sind, wo irgend möglich, auf Liasformen bezogen.

Aus der Schweiz kennen wir nur noch wenige Punkte, an denen unsere Schichten anstehen. Escher erwähnt ihre Spuren von der Calanda nördl. und dem Parpaner Weisshorn südl. Chur (geol. Bem. p. 49 und 79) und Herr Theobald [3]) im südlichen Graubündten am Piz Casanna und Piz d'Esen. Erst an der Scesa plana im nördlichen Theile desselben Kantons zeigen sich die ersten Glieder jener ungeheuren Kette, die in fast ununterbrochener Linie am Nordabhange des ganzen Alpengebirges entlang bis gegen Wien verläuft, anfangs auf dem Grenzgebiete von Oesterreich und Bayern, von Berchtesgaden ab allein auf österreichischem Gebiete.

Von der Scesa plana, südlich Feldkirch im oberen Rheinthale ziehen die Kössner Schichten, fächerartig in 3 Züge gespalten durch das Rhätikon und Vorarlberg nach Osten. Der nördlichste dieser Züge verläuft in gerader Linie über den Widderstein in die Berge des Allgäu, die er bis gegen Reutte durchzieht, wo er abbricht, um ostwärts nicht wieder zu erscheinen. Etwas weiter nördlich, zwischen Oberstdorf und Vils, sowie bei Hindelang stellen sich noch einige kleinere isolirte Parallelzüge her.

---

[1]) Réunion extraordinaire de la soc. géol. de France á S. Jean de Maurienne. 1. sept. 1861. in Bull. de la soc. géol. de France. tome 18. p. 693.
[2]) Stoppani: Supplément à l'essai sur les conditions générales des couches à avicula contorta. Milan 1863. p. 9.
[3]) A. Favre: mémoire sur les terrains triasique et keupérien. Genève 1859.

Der zweite, mittlere Zug wendet sich von Maroul in Vorarlberg über Formarin zum oberen Lechthal, welchem er bis Elbigenalp folgt, dem durch Falger's Aufsammlungen bekannten Fundorte von Contortapetrefacten. Am Fusse der gewaltigen wilden Zugspitz tritt dieser Zug auf bayrisches Gebiet und verläuft über Partenkirchen (Garmisch) zum Walchensee. Hier verbreitert er sich bedeutend und streicht, in mehrere kleine Züge gespalten, über die Benedictenwand nach Länggries und bis zum Rossstein an der Isar. Stets derselben Ostrichtung folgend, sehen wir ihn über den Hirschberg, Kreut (südl. Tegernsee) und den Spitzingsee zum Wendelstein und Bründelstein an den Inn ziehen. Hier, in der Gegend des Innthales verbindet sich ihm der dritte, südlichste Zug, der von Maroul her kommend, südlich am obern Lechthal vorbeizieht und in breiter Linie entwickelt, plötzlich zwischen Elbigenalp und Imst zu erlöschen scheint, — dann aber sporadisch am Südabhange der Zugspitze angedeutet, erst an der Soiernspitz, östlich von Mittenwald wieder deutlich und zusammenhängend hervortritt und in starker Entwicklung über den Scharfreiter und Juifen fortstreicht, dann aber wieder verschmälert, als einfaches Band sich ununterbrochen östlich hinzieht, bis er den Inn nördlich von Kufstein erreicht. Wie ein gewaltiger Vorposten steht hier das Sonnwendjoch im Süden ganz isolirt da.

Ostwärts vom Inn verschlingen sich nun die Züge der Contortabildungen so sehr, dass eine allgemeine Beschreibung blos eine breite Zone anzugeben vermag, die über den Heuberg und Spitzstein, über die Kampenwand und den Geiglstein, über den Hochgern und Hochfellen bis nach Ruhpolting an das Thal der Traun sich erstreckt, südlich bis Kössen und die Kammerkahr, nördlich bis Aschau und Bergen reichend.

Auf der Linie vom Zellerberg, östlich Ruhpolting, zur Kammerkahrspitze keilen sich die westlich so reich entwickelten mergelig kalkigen Schichten von Kössen aus und verschwinden auf dem ganzen Gebiete von Reichenhall und Berchtesgaden, der Südostspitze Bayerns, vollständig. Denn es ist noch sehr fraglich ob das, was Gümbel als Aequivalent dieser Schichten in dem gedachten Gebiet ansieht, — roth gefärbte, eigenthümlich breccienartige, dünnschichtige Kalkpartieen mit undeutlichen *Rissoen* und *Modiola minuta* Goldf., die bald über, bald unter dem Megaloduskalke liegen — ob diese wirklich die von der überhandnehmenden Kalkbildung mit ergriffenen Repräsentanten der Contortaschichten sind. Diese Trümmerkalke finden wir auch nur sporadisch an der Ostseite des Reuteralpgebirges, dann unmittelbar unter der Spitze des grossen Watzmanns, auf dem Gipfel des Hochkalters und auf dem „steinernen Meer" am Königssee.

Vom Thale der Salzach ab setzt nur ein schmaler Streif von schwachen Andeutungen die Contortaschichten bis in die Gegend des Traunseees fort. Solche Punkte zeigen sich am Hintersee, am Schafberge bei St. Wolfgang und anderen, in der Richtung zum Südende des Traunseees liegenden isolirten Stellen. Doch gleich östlich son diesem See, an seinem Nordrande, beginnt wieder eine neue Entwicklungszone unserer Schichten.

Von Traunstein, südlich Gmunden ausgehend, entfalten sie sich, schnell anschwellend zu immer grösserer Breitenausdehnung, deren Maximum sie im Thale der Enns etwa zwischen Altenmarkt und Waidhofen erreichen. Gegen Osten verschmälert sich die Zone dann wieder, indem sie in weitem Bogen über Gresten bis nach Hainfeld zieht. Hier, wo sie sich ganz ausgespitzt hat, treten von Süden her zwei neue Züge an sie heran: der nördlichere von der Grabenalp bei Turnitz, der andere von Mariazell her kommend. Dieser streicht südlich an St. Egidy und Guttenstein vorbei, über Wallegg und Pernitz im Piestingthal, Grossau und Baden bis kurz vor Wien heran, nachdem sich ihm der nördlichere Zug östlich von Hainfeld verbunden hat.

Weite und flache Tiefländer verdecken nun den ganzen Osten eine Strecke weit alle älteren Formationen, und erst im mittleren Waagthale in den N. W. Karpathen, in Ungarn finden wir wieder die kalkig mergeligen Gebilde der Contortazone auf, die letzten Spuren jenes gewaltigen nordalpinen Zuges.

Die vorliegenden allgemeinen Umrisse, bei denen nur so weit in Details eingegangen wurde, als sie das beiliegende Kärtchen zu vergegenwärtigen vermag, müssen für unseren Zweck genügen. Wegen der Specialitäten verweisen wir auf die schönen geologischen Karten von Gümbel[1]) und Fötterle[2]) und auf die später zu erwähnenden Abhandlungen von Escher, Gümbel, Emmerich und den Geologen der Reichsanstalt. Die Schwierigkeiten, in einem so coupirten und wenig bewohnbaren Terrain sich zu orientiren, sind gross. Die isolirten Almen, die Gräben und Klamm's (weitere und engere Bachrisse) sind hier die einzigen Anhaltspunkte für Bezeichnung der Localitäten, und vergebens sucht man oft selbst auf ziemlich genauen Karten die allbekannten Namen klassischer Punkte.

Es wird darum nicht ganz unnütz erscheinen, wenn ich die Lage der hauptsächlichsten Fundgruben von Contortapetrefacten genauer anzudeuten versuche. Ich schreite dabei von West nach Ost vor. Hindelang mit dem Jörgbach und der Ochsenbergalp am Eiseler liegt bei Sonthofen zwischen Iller und Lech. Weiter südlich am oberen Bach liegt Elbigenalp (Bernhardsthal), beide Orte im Allgäu. Garmisch mit dem Lahnewiesgraben und Naidernachthal finden wir zwischen Lech und Isar, bei Partenkirchen, am Nordfusse der weithin sichtbaren Zugspitz; Länggries (Kothalp am Kirchstein) am rechten Ufer der Isar. Zwischen Isar und Inn, mit der Bahn erreichbar (Stat. Miesbach) liegt der Tegernsee und der bekannte Hirschberg daneben. Oestlich davon, jedoch noch vor dem Innthal, haben wir Bairischzell (Fellalpe) und Fischbachau am Fusse des Wendelsteins (Kothalpe). Jenseits des Inn endlich gelangen wir, im Osten von Kufstein an die classische Fundstelle zwischen Kössen und Reit im Winkel im Bachrisse der Weisslofer (nicht Schwarzlofer). Es ist dieselbe Stelle, die Gümbel als Schwarzlofer-Klamm, Winkler als Klemm bei Reit, andere Autoren als die kössner Localität bezeichnen. Nordöstlich, in der Nähe der Eisenbahn liegen Staudach (Eipelgraben) und die Station Bergen mit dem Schwarzachengraben, der vom Hochfellen herabkommt. Im Traunthal Ruhpolting (Wundergraben) und mehr südlich, schon auf österreichischem Gebiete, an der Strasse von Reichenhall nach Inns-

---

[1]) Gümbel: geognostische Karte von Bayern.
[2]) Fötterle: geologische Uebersichtskarte des österreichischen Kaiserstaates.

bruck die Kammerkahrplatte bei Waidring. Weiter ostwärts werden nur wenig reiche Fundstätten mehr genannt mit Ausnahme von St. Wolfgang am Ebensee bei Gmunden (Station) und den Localitäten im Piestingthal und Umgegend, südwestlich von Wien, wo Herr Süss seine schönen Brachiopoden sammelte. Die genaue Beschreibung des Verbreitungsgebietes der Contortazone in den Alpen wird durch das Verhalten derselben, besonders in dem westlichen Theil, zwischen Rhein und Inn eigenthümlich erschwert. Zonen- und streifenweise, schleifenartig zusammengebogen, sehen wir sie hier, stets das liassische Stockwerk über sich tragend, seinen Fuss in schmalen Bändern umsäumen. Wo zwei oder mehrere Gebirgsgräthe, durch Zerreissung und Auswaschung bis in ältere Schichten hinein von einander getrennt, neben einander herziehen (Rheinthal bis Isarthal und weiter Achen- bis Traunthal) scheinen die jüngeren Bildungen, wie auch die unserer Zone, mehrere Parallelzüge zu bilden, ohne dass doch die blos getrennten Streifen den Werth von verschiedenen Zügen haben [1]). Nur an wenigen Stellen bilden die kössner Schichten Plateau's, am ausgezeichnetsten noch im SO. von Kössen bis zum Kammerkahrgebirge, an der Hemmersuppen- und Winkelmoosalm.

Wo der obere Dachsteinkalk überhand nimmt, wie in dem ganzen Gebiete von Berchtesgaden, da verschwinden die kössner Schichten ganz oder sind doch nur in schwachen Spuren, von der gewaltigen Kalkbildung mit ergriffen, nachgewiesen worden.

Es ist jedoch nicht möglich, hier auf alle die interessanten Specialitäten gar genau einzugehen, wir müssen, wem es um solche zu thun ist, auf das Studium der reichen einschlägigen Literatur verweisen, deren Haupterscheinungen wir, wie bisher hier nur oberflächlich werden betrachten können.

Wir wissen, dass im Jahr 1827 Leopold v. Buch [2]) zuerst

---

[1]) Siehe Gümbel: geogn. Beschr. v. Bayern: obere Abtheilg. des Keupers der Alpen, Separatabdruck p. 8. 9.
[2]) v. Buch: Ueber die Kalke mit Gervillia und Avicula. Abhandl. der Berl. Ak. 1828. p. 84.

über die alpinen Contortabildungen Beobachtungen anstellte. Am Hirschberge bei Tegernsee fanden sich schwarze Kalke, ganz bedeckt mit grossen *Gervillien*, die, mit *Gerv. tortuosa* Mstr. verglichen, zunächst Veranlassung gaben die betreffenden Kalke als braunen Jura anzusprechen.

Sedgewick und Murchison,[1]) so wie auch zu gleicher Zeit Lill von Lilienbach[2]) in seinem 2. Profil haben dieselben Schichten, vom Mertlbach bei Gaisau, als Liaskalk hingestellt. Aber noch hatte man lange keine Ahnung von der Wichtigkeit der entdeckten Zone als geologischem Horizont.

Diese tritt erst nach Emmrich's ersten Arbeiten je mehr und mehr in den Vordergrund. Obgleich Emmrich 1849[3]) noch fälschlich die *Gervillia*schichten für jünger hielt als die *Amaltheenmergel* (siehe die Profile von Oberammergau und vom Loisachthal) so berichtigte er doch schon im nächsten Jahr[4]) diesen Irrthum, indem er ihnen ihre wahre Stellung über dem untern Alpenkalk (Hauptdolomit) und unter Schafhäutls *Amaltheenmergel* anwies. Zugleich finden wir schon hier die Angabe, dass die Zone der *Gervilliaschichten* vom westlichen bayrischen Gebirge bis gegen Wien sich erstreckend, einen ausgezeichneten geognostischen Horizont bildet.

In demselben Jahre erschien, als Berichtigung der 1849 von Emmrich angenommenen Schichtenfolge, eine Notiz von Herrn v. Hauer[5]) in welcher die Lage der Gervilliaschichten über dem Keuper festgestellt und die Vermuthung v. Buch's wiederholt wird, sie möchten ein Aequivalent des braunen Jura und zwar des mittlern Theiles des letzteren darstellen.

---

[1]) Sedgewick and Murchison im Philosophic. Magazine. Bd. 9. p. 213.
[2]) Lill v. Lilienbach in Neue Jahrb. 1830. p. 153 ff.
[3]) Emmrich: Ueber den Alpenkalk im bayr. Gebirge. Zeitschr. geol. Ges. 1849. Bd. I. p. 263.
[4]) Emmrich: Jura- und Kreidebildungen im bayr. Traungebiete. Deutsche geol. Zeitschr. 1850. Bd. 2. p. 246.
[5]) v. Hauer: Ueber die Gliederung des Alpenkalkes in den Ostalpen. Neue Jahrb. 1850. p. 584.

Das Jahr 1851 bringt uns zwei grössere wichtige geologische Arbeiten, von Studer und Schafhäutl, aus denen auch für die Kenntniss der Gervilliaschichten viel neues und interessantes geschöpft werden kann. Studer[1]) beschränkt sich bei der Erwähnung ihres Vorkommens meist auf Citate von v. Hauer, Emmrich und Escher v. d. Linth, ohne über die geologische Stellung dieser Gefilde seine eigene Meinung zu äussern. Trotz der verschiedenen Petrefactenangaben wird jedoch das gleiche Alter der grauen Kalke von Waidhofen im Ennsthal und von Baden, die v. Hauer zum Unteroolith stellte, und der Gervilliakalke Emmrichs von Tirol und Südbayern richtig erkannt, obgleich dieser in ihnen obern Trias sah, und zwar aus Gründen der Stratigraphie. „Mit der Gervilliabildung, sagt Emmrich bei Studer (Bd. 2. p. 15) schliesst die untere triassische Abtheilung. Die Aehnlichkeit mancher Versteinerungen mit denen des braunen Jura muss entschieden zurückstehen gegen die Evidenz der Lagerung, die uns die Lias- und Juraschichten in höherem Niveau zeigt. Denn die Mergelkalke mit Liasammoniten folgen in mehreren Profilen stets über den Gervillienschichten und unter dem rothen Ammonitenmarmor."

Hier beginnt bereits die merkwürdige Differenz in den Anschauungen von Emmrich und Escher über das relative Niveau der noch zu den Gervillienschichten zu ziehenden Kalke mit *Korallen*. Emmrich gibt seinen Lithodendronkalk stets und überall ganz an der Basis der Gervillienschichten an, während Escher sie sporadisch als Einlagerungen in demselben anführt, die sich wie die Vorläufer des höher liegenden ebenfalls korallenreichen Megaloduskalkes verhalten. Studer hat über den Dachsteinkalk mit den herzförmigen Durchschnitten der Bivalve noch sehr abweichende Ansichten. Seine Beziehung zu den Gervillienschichten scheint er nicht zu kennen, — wol auch weil er ihn im Berchtesgadner Kalkrevier beobachtete, wo ja die Gervillienschichten fehlen. So hält Studer den Dachsteinkalk vom

---

[1]) Studer: Geologie der Schweiz. Zürich 1851. 2. Bd.

steinernen Meer (Megaloduskalk) für älteren Muschelkalk, weil er unter dem jüngeren Muschelkalk und über buntem Sandstein liege. Der Salzthon des Salzkammergutes liegt seiner Ansicht nach, über dem Dachsteinkalk (das beigegebene Profil lässt richtiger auf eine tiefere Lage des ersteren schliessen) und unter dem rothen Kalkstein, der bei Aussee, Hallstadt und Hallein Versteinerungen des jüngeren Muschelkalkes führt. (p. 120 Bd. 1.)

Auffallend ist endlich, dass Studer, obgleich er (Bd. 2. p. 24) die Ansicht aufstellt, dass die nördliche und südliche Nebenzone der Alpen früher wol über die, sie trennende Mittelzone zusammenschliessen mochten, — und trotz seines grossen Beobachtungsfeldes, noch nicht dazu gekommen war, den Parallelismus der Gervillienbildungen am Nord- und Südrande der Alpen zu erkennen. Fast ganz am Ende des Werks steht (Bd. 2. p. 472) eine Notiz von Escher und Merian, welche hier wie dort die gleiche Formationsfolge aufgefunden hatten und zwar:

Lias. Rother Ammonitenkalk vom Resegone di Lecco und Val Imagna.
Megaloduskalk und Dolomit.
Schichten von St. Cassian, worin auch *Halobia Moussoni?*
Dolomit, oben mit der Fauna von Esino und *Halobia Lommeli.*
Bunte Mergel mit *Hal. Lommeli* und *Globosen Ammoniten.*
Lettenkohle. Mergel und Sandsteinschiefer mit *Pflanzen.*
Muschelkalk. Mit zahlreichen Petrefacten.

Voll der interessantesten Beobachtungen ist Schafhäutl's erstes grosses Werk, [1] und wegen des kleineren Untersuchungsgebietes genauer, eingehender und selbstständiger auf eigene Anschauung begründet. In Betreff unserer Contortaschichten be-

---

[1] Schafhäutl: Geognostische Untersuchungen des südbayrischen Alpengebirges. München. 1851.

gegnen wir hier jedoch einigen Unsicherheiten und Widersprüchen, — wir sehen sie einmal als Muschelkalk, dann wieder als Liasgebilde bestimmt oder selbst mit echten Liasschichten verwechselt. So heisst es p. 53 „einige Petrefacten aus den bayrischen Voralpen die am nächsten mit den Cassianer stimmen, machen es wahrscheinlich, dass hier, in der Nähe des Lias, auch Muschelkalk liegt. Wir haben da:

Mytilus pygmaeus. Mstr.
„ *minutus.* Gdf.
Modiola similis. Mstr.
„ *dimitiata.* Mstr.
„ *Pallasii.* Vern.
Avicula inaequiradiata. Schfh."

Dieselbe Deutung auf Muschelkalk erfahren die Gervillienschichten vom Gastätter Graben und von der Kothalp am Wendelstein (p. 90). Dagegen heisst es p. 136 „Von einzelnen Schichten, z. B. Gervillienschichten zu sprechen würde nutzlos sein, wir halten sie für liassische Gebilde." Es werden dann die Thonmergelschichten mit *Crioceras* vom Keller bei Garmisch ausgezeichnet und daran die Bemerkung geknüpft: „derselbe Mergel steht im Lechthale unter der Schicht mit *Megalodus scutatus* an und enthält

Avicula inaequivalvis
Inoceramus problematicus d'Orb. (?)
Ammonites costatus non spinatus
Cidaris propinquus
Belemnites acuarius
Lithodendron dichotomum

auch weiter südlich, am Vorderhausberg finden wir wieder unsre Mergel mit *Amm. costatus.*"

Die Verwechslung mit Lias δ liegt klar genug auf der Hand, sie erklärt sich jedoch bald, wenn man auf den folgenden Seiten (p. 137 und 138) die Ansicht ausgesprochen findet, dass in den Alpen die einzelnen Petrefacte an und für sich nicht mehr zur Bestimmung des Alters einer Formation ausreichen, dass man hiezu bei weitem mehr Gewicht als bisher auf die petrographischen — chemischen, physischen und mikroscopischen — Charactere der Formationen zu legen habe. In wie weit diese Ansicht richtig ist, darüber hat man sich jedoch noch immer nicht entscheiden können.

Es fällt auf, dass in der Tabelle I, welche die Uebersicht der alpinen Formationsreihe enthält, die Gervillienschichten als solche ganz fehlen. In der, nach physikalisch-chemischen Grundsätzen geordneten Gesteinstabelle II möchten die Nr. 63, 65, 67, 68, 69 und 72 aus unserer Zone stammen.

Dem von Studer noch so viel zu tief gestellten Niveau des Dacksteinkalkes wurde 1852 durch Lipold[1]) seine richtige Stellung angewiesen und zwar durch das Studium seiner relativen Lage gegen die Kössner-, Hierlatz- und Starhemberg-Schichten. Wegen der nicht genügend scharfen Trennung von Starhemberg- und Hierlatzschichten jedoch sieht Lipold die „Isocardienkalke" auch noch für jünger als die Hierlatzschichten an und nimmt sie darum um so entschiedener für Lias.

Um einen gewaltigen Schritt vorwärts wurde aber die Kenntniss der Contortaschichten in dem folgenden Jahre gefördert, wo die classischen Studien über dieselben von Emmrich, Escher und v. Hauer erschienen.

Das bekannte Werk Escher's v. d. Linth[2]) habe ich schon früher bei der Schilderung der lombardischen Verhältnisse erwähnen müssen. Wie für jene Gegenden, so finden wir auch hier für den Nordrand der Alpen äusserst detaillirte Profile der interessantesten Stellen, die wir unumwunden als typische bezeichnen können.

Dergleichen Profile gibt Escher z. B. von Elbigenalp im Lechthal, vom Kühjochpass an der Arlbergstrasse, von Elmen im Lechthal etc. Es sei mir erlaubt, das letzere hier zu reproduciren, um die Anschauung der Verhältnisse zu erleichtern, unter denen die Contortazone am Nordrande der Alpen aufzutreten pflegt.

---

[1]) M. V. Lipold: Geologische Stellung der Alpenkalksteine, welche die Dachsteinbivalve enthalten. Jahrb. d. Reichsanst. 1852. p. 90.
[2]) Escher v. d. Linth: Geologische Bemerkungen über Vorarlberg und einige angrenzende Gegenden. Zürich 1853.

Am Edelbach, östlich Elmen im Lechthal findet sich nach Escher

d) rother Liaskalk mit Hornstein.
c) grauer, massiger Megaloduskalk mit viel *Korallen* und schlecht erhaltenen *Megalodus scutatus*.
b) 25′ dunkelgrauer Kalk mit bräunlichen oolithischen Schieferzwischenlagen, ohne Petrefacten.

30′ Kalk voll *Bivalven*, wechsellagernd mit *Bactryllien*schiefern.
40′ grauer, massiger Kalk
— hell verwitternde Schiefer.
30′ schwarzer schiefriger Kalk mit *Pecten lugdunensis*, wechsellagernd mit 6″—9″ dicken Kalkbänken.
Knollenkalk mit *G. inflata*.
Schwarzer Kalk und Schiefer.
Schwarze Schiefer mit *Cardita austriaca*.
Knollige Kalke.
Glattflächige Kalke.
Schwarzer Schiefer.
20′ Kalk, dunkelgrau, massig, oben reich an *Korallen*.
6′ schwarze Schiefer.
Ebenflächige Kalkbänke.
dunkle Kalkknollen mit *Natica rhaetica*.
Schwarze Schiefer mit zerdrückten *Cardita austriaca*.
System von wechselnden Schiefer- und Kalkschichten.
20′ Wechsellagernde schwarze Schiefer und Kalke mit kleinen *Bivalven*.
30′ dunkle Kalke, voll undeutlicher Versteinerungen, und mit *Gervillia inflata*. Schiefer untergeordnet.

a) 40′ graulicher Kalk mit etwas dolomitischem Habitus.
Dolomit.

Man ersieht aus diesem genauen Profile, wie wenig man am Nordrande der Alpen innerhalb der Contortaschichten eine Trennung in ein unteres schiefriges und oberes kalkiges Niveau durchführen kann, wie in der Lombardei. Die *Bactryllien*, die in den Südalpen gewöhnlich zu unterst liegen, finden wir im Lechthal ganz oben. Eine *Korallen*bank, als Analogon des banc madréporique von Stoppani, kommt hier in einem weniger constanten und gesetzmässigen Niveau vor, als wir sie dort auftreten sahen. Sie führt, wie bei Bene, zuweilen den *Megalodus scutatus*, als Vorläufer der, im höherliegenden Megaloduskalk so zahlreich vertretenen *Bivalve*. Ueber diesen Megaloduskalk äussert sich Escher p. 18. §. 9. folgendermassen:

„Unter dem rothen, hornsteinführenden Kalksteine (Lias α, Zone des *Amm. Bucklandi*) findet sich ein System von 20'—100' meist grauen, hie und da weisslichen und gelblichen Kalkstein, ein blosses Zwischenlager zwischen den mergeligen obern Cassianschichten und den rothen Kalkmergeln. Neben zahlreichen, noch nicht näher untersuchten *Korallen* liegen darin bis fast 2' grosse Exemplare von Schafhäutl's *Megalodon scutatus*, welche zufolge Merian's Urtheil und v. Hauer's Angabe der *Dachstein-Bivalve* (Sitzber. k.k. Ak. Wiss. 1850, p. 303) bei Elbigenalp ident ist mit dieser Bivalve. Doch ist diese nach Merian nicht ident mit der Wulfenschen Species *Cardium trigueter*. Der *Megalodon scutatus* liegt in ganz Vorarlberg nur in dieser einen Zone über den Cassianbildungen."

Die Frage nach dem Niveau der *Dachstein-Bivalve*, sowie nach ihren Verwandten hat in neuester Zeit die Geologen wieder mehrfach beschäftigt, — ihre Lösung wird sie wahrscheinlich erst in der noch zu erwartenden Veröffentlichung der Untersuchungen von Prof. Stoppani finden.

Während nun Escher von der Linth und Merian im Vorarlberg, im obern Lechthale die Verbreitung der Contortazone nachwiesen, umfassten die interessanten Studien Emmrich's [1]) ein östlicheres Gebiet, das Gebirge zwischen Inn und Traun, südlich vom Chiemsee. Seine Beschreibung gibt in anziehender und präciser Weise das eingehendste Detail über Fundorte und Aufschlüsse — am Nordabhange des Gebirges ist jeder von der Höhe herabkommende Bachriss (Graben) von dem Staudacher Eipelgraben westlich bis an den Wundergraben bei Ruhpol-

---

[1]) Emmrich: geognostische Beobachtungen aus den östlichen bayrischen und angrenzenden österreichischen Alpen. Jahrb. d. Reichsanst. 1858. p. 80 und p. 326.

ting im Osten, auf's genaueste studirt und beschrieben, ebenso tiefer südlich im Gebirge die klassische Weisslofer-Klamm zwischen Kössen und Reit im Winkel, der Hochgern, Rechberg, das Sonntagshorn, der Hochfellen und Kienberg. An diesem letzteren, einem nach allen Seiten schroff abstürzenden gewaltigen Dolomitblock glaubte Emmrich irrtümlich eine Einlagerung von kössner Schichten wahrzunehmen. Was er für solche hielt, sind nach Gümbel's späteren Untersuchungen Aequivalente der Partnachschichten.

Von grossem Interesse scheint mir eine, bei Beschreibung des Eipelgrabens von Emmrich freilich nur leicht hingeworfene Andeutung von einer Vertheilung der Fauna der Kössner Schichten auf gewisse verschiedene Niveau's. „Die Gervillienschichten, sagt Emmrich p. 15. (Separatabdr. I.), treten hier als bräunliche, eckig zerfallende und zu gelbem Lehm verwitternde Thonmergel auf, denen die festern Bänke eingelagert sind. So finden sich Bänke mit vorherrschenden *Gervillien*, dann mit *Terebrateln*, wahre *Lithodendron*bänke, andere voll *Carditen* und *Myophorien*, wieder *Gervillienbänke*, eine mächtigere, etwas oolithische mit grossen *Pholadomyen* und *Pinnen*, mit *Carditen*, ausserordentlich zähe, aussen gelbe, innen graue Bänke voll undeutlicher *Bivalven*, Bänke mit *Terebrateln* und *Spirifer uncinnatus* Schfl., andere mit sandigen Zwischenlagern voll gefalteter *Limen*; endlich Thonmergel mit ausgewitterten *Terebrateln (biplicaten).*"

Es ist allerdings auffallend, dass, obgleich innerhalb der kössner Schichten überall, wo Petrefacten häufiger sind, gewisse Platten oder Bänke oft weit aushaltend, und von einer einzigen Muschel-Species ganz bedeckt sind, dass trotzdem keine bestimmte, überall oder doch nur häufig wiederkehrende Reihenfolge der Niveau's verschiedener Species, keine bestimmte fortschreitende Faunenfolge sich hat nachweisen lassen. Für einzelne Localitäten geht das wol, sobald man aber die Faunenfolge mehrerer verschiedener Punkte mit einander vergleicht, so verschwindet jede Gesetzmässigkeit oder scheint doch blos gezwungen angenommen werden zu können. Diese Erfahrung war wol daran schuld, dass Emmrich nicht mehr Gewicht auf die, im Eipelgraben beobachtete Faunenfolge gelegt hat.

Im übrigen gelangte er zu folgenden Schlussfolgerungen: „der untere Alpenkalk und Dolomit mit *Megalodon*, die *Lithodendron*- und *Gervillien*schichten bilden ein zusammengehöriges Ganze, das ein Aequivalent des Muschelkalks und der Cassianer Schichten zu sein scheint. Von den Petrefacten stimmt zwar keins absolut, doch die Verwandtschaft ist unverkennbar...."

„Die Lithodendronschichten (an der Basis der Gervillienschichten), graue, plattenförmige, bituminöse, reine Kalksteine mit *Korallen*, zu denen auch die lichtröthlichen Kalksteine des Hochfellen gehören, sind den Gervillienschichten häufig eingelagert und scheinen also sich enger an diese, als an den Hauptdolomit anzuschliessen."

Ziemlich weit hievon abweichend erscheinen die Ansichten v. Hauer's [1]) wie wir sie in dem citirten Aufsatze p. 729 ff. niedergelegt finden. Weitverbreitete Dachsteinkalke, die Herr v. Hauer in langem Zuge von Baden bei Wien über Altenmarkt im Ennsthal zum Dachsteingebirg und bis nach Unken im Saalethal verfolgt, führen als Einlagerung muschelreiche Kalkbänke, die nach der typischen Localität den Namen „Starhembergschichten" erhalten. Nach den, darin angegebenen Petrefacten:

Megalodus scutatus Schfh.
Modiola Schafhaeutli Stur.
Avicula intermedia Emmr.
„ *Escheri* Emmr.
Spirifer rostratus v. Buch.
„ *Emmrichi* Süss.
„ *Muensteri* Davids.
Terebratula cornuta Soverby.
„ *Waterhousei?* Davids.
„ *pyriformis* Süss.
„ *gregaria* Süss.
Rhynchonella fissicostata Süss.

---

[1]) v. Hauer: Ueber die Gliederung der Trias-, Lias- und Jura-Gebilde. Jahrb. Reichsanst. 1853. p. 715.

Rhynchonella cornigera Schfh.
„ *subrimosa* Schfh.

müssen wir diese Schichten als ein Aequivalent, als eine blosse Kalkfacies der „kössner Schichten" ansehen, obgleich v. Hauer den letzteren ein constant höheres Niveau, über dem Dachsteinkalk, anweist. Nur bei Unken beobachtet er eine Ausnahme. Hier folgt nemlich auf den Hallstädter Kalk ein brauner Dolomit, auf welchem Lithodendronkalke mit *Avicula intermedia* liegen. Darüber folgen kössner Schichten und diese werden nochmals von entschiedenem Dachsteinkalk überlagert, der den Gipfel des Kirchsteins bildet. Man hat also hier einen untern und einen oberen Dachsteinkalk. — Uebrigens erklärt Herr v. Hauer die Dachstein-, Starhemberg- und kössner Schichten für petrographisch zwar leicht unterscheidbare, jedoch paläontologisch zusammengehörige Formationsglieder, die als Aequivalente des untersten Lias in den Alpen zu betrachten sind. Die letztere Ansicht wird durch eine Reihe von 32 Petrefactenformen aus den betreffenden Schichten unterstützt, unter denen 11 echte Liasarten sich finden. Hiezu muss bemerkt werden, dass die letzteren wahrscheinlich auch aus wirklichen Liasschichten stammen und nicht aus den kössner Schichten, denn es sind Formen, die sich in diesem Niveau anderwärts noch nicht gezeigt haben. Ausserdem aber ist als Fundort für die meisten Enzesfeld genannt, eine Localität, wo auch wahrer Lias ansteht und eine Verwechslung um so leichter anzunehmen ist.

Die Frage wegen des geologischen Alters der kössner Schichten erfuhr, man sieht es, von den verschiedenen Geologen sehr verschiedene Lösungen. Um zu einer zuverlässigen Beantwortung zu gelangen, bediente man sich stets sehr gewissenhaft der Anhaltspunkte, die die Stratigraphie und Paläontologie uns bieten. Letztere wurde namentlich vom Herrn Conservator Schafhäutl stets im Auge behalten und seit 1851 brachte fast jeder Jahrgang der „Neuen Jahrbücher" interessante Nova aus den kössner Schichten.[1]

---

[1] Schafhäutl: Neue Petrefacten des südbayrischen Vorgebirges. Neue Jahrb. 1851. p. 407.

Die umfassenden und detaillirten Arbeiten von Süss[1]) über die Brachiopoden der kössner Schichten sind bekannt. Im Jahr 1853 erschien eine vorläufige kurze Notiz über diese Formen unter denen der Verfasser als echte Liasformen
Spirifer rostratus Schfh.
„ *Muensteri* Davids.
Terebratula cornuta Sow.
Rhynchonella variabilis Schfh.
anführt. *Spirigera oxycolpos* ist den kössner Schichten eigenthümlich und das Fehlen derselben in den Kalken von Starhemberg und in den äquivalenten vom Piesting- und Klosterthale, von der Toniooalp, dem Grimming etc., soll beide von einander unterscheiden. Die Identität der angeblichen Liasbrachiopoden mit wirklichen Liasformen ist späterhin durch Schafhäutl, Merian und Winkler vielfach angestritten worden, indem nicht unwesentliche Unterschiede bei Vergleichung grösserer Materialien sich herausstellten.

Die wichtige Abhandlung von 1854 bringt, nach einem Ueberblick der geologischen Verhältnisse der kössner Schichten, die genaue paläontologische Beschreibung der bis dahin bekannt gewordenen Brachiopoden dieser Zone, erläutert durch eine Reihe gelungener Abbildungen, Es sei mir erlaubt, das was Süss über die geographischen und geologischen Verhältnisse der kössner Schichten in den Ostalpen angibt, im Auszuge zu wiederholen. Denn wir finden hier das umfassendste in grösster Kürze zusammengedrängt und gewinnen zugleich einen Anhaltspunkt zur Beurtheilung der Ansichten eines grossen Theils der österreichischen Geologen über den behandelten Gegenstand.

Schafhäutl: Aufsatz in Neue Jahrb. 1852. p. 200.
Schafhäutl: Beiträge zur näheren Kenntniss der bayrischen Voralpen. Neue Jahrb. 1853. p. 299 u. 513.
[1]) E. Süss: Ueber die Brachiopoden der kössner Schichten. Sitzb. der Wien. Ak. 1853. Bd. X. p. 283.
E. Süss: Die Brachiopoden der kössner Schichten. Denkschr. der k. k. Ak. d. Wiss. 1854. Bd. VII.

Zur Unterstützung der Ansicht von der Liasnatur der kössner Schichten führt Süss ausser den citirten Brachiopoden noch folgende Liasformen an:
Nucula complanata Phill.
Pinna folium Young and Bird.
Lima gigantea Sow.
Pecten liasinus Nyst.

Ausserdem wird auf die nahe Verbindung hingewiesen, in welcher bei Enzesfeld die kössner Schichten mit einem gelblich braunen Kalke stehen, der neben den kössner Brachiopoden echte Liasammoniten führt, wie deren schon Herr v. Hauer in seiner früher citirten Abhandlung als aus kössner Schichten stammend erwähnt. Andererseits genügt, da das Vorkommen von *Spondylus obliquus* Klipst. und *Acteonina alpina* Klipst. ungewiss scheint, die Anwesenheit der *Cardita crenata* allein nicht, um eine Beziehung zum St. Cassian zu erweisen, und die *gryphaeaten Avikeln* kommen auch im englischen Lias vor (es ist hier wohl nur *Av. contorta* Portl. aus dem bonebed gemeint!) Auch von den Hallstädter Schichten sind die kössner aufs schärfste geschieden, denn man kennt in beiden keine einzige identische Art am Nordabhange der Alpen. (Spätere Erfahrungen widerlegten diese Ansicht.)

Was die Verbreitung der „kössner Schichten" am Nordrande der Alpen betrifft, so gibt sie Süss zwischen dem 27—34 Längengrad zu mehr als 100 geographischen Meilen an. Innerhalb dieses Gebietes soll die Verbreitung von Brachiopoden mehr auf den Osten beschränkt sein und zwar auf den Theil östlich von dem grossen Bruche, der die Alpen zwischen Wien und Gloggnitz durchschneidet. Schon im obern Ennsthale fehlen Brachiopodenschichten vollständig, hier, am Grimming verschwinden aber auch die „kössner Schichten" fast gänzlich, — sie finden sich in der ganzen Umgebung des Dachsteingebirges nicht mehr und die einzelnen sparsamen Localitäten reichen eben nur hin, um den Zusammenhang der Fundorte im Osten und Westen herzustellen. An diesen isolirten Localitäten — am Schafberg bei St. Wolfgang, im Schobergraben bei Adneth und am Mertlbach bei Gaisau und Steier — fehlen auch die Brachiopoden nicht. (Wie wenig dieselben weiter westlich, in den bayrischen Alpen, in Tirol und Vorarlberg zu den Seltenheiten gehören, haben die späteren Forschungen genügend erwiesen.) Die Starhembergschichten, gelbliche oder röthliche Kalke, welche in dünnen Lagen dem Dachsteinkalk eingelagert sind, haben eine, mit der der kössner Schichten ganz übereinstimmende Fauna. Kaum 2—3 seltene Arten gibt es in ihnen, die man hier nicht findet. Brachiopoden sind in den Starhembergschichten zwar sehr zahlreich, finden sich aber, mit Ausnahme einiger *Rhynchonellen*, merkwürdiger Weise stets nur in einzelnen Schalen. Hieraus, sowie aus dem sporadischen Auftreten der betreffenden Kalke, die nur als einzelne dünne Schichten in dem mächtigen Dachsteinkalk eingelagert sind, folgert Süss, dass die Starhembergschichten blosse Kolonieen der kössner Schichten sein möchten, von deren Ufern verschiedene Strömungen die Muscheln zusammenspülten, — häufig auf einer Unterlage von *Korallen*. Hierzu passt auch die örtliche Verbreitung dieser Schichten an wenig zahlreichen und weit zerstreuten Puncten. Ihr sehr constanter petrographischer Character lässt trotz mangelnder Petrefacten das Vorkommen von Starhembergschichten auch am Dachsteingebirge vermuthen. Wie die Mehrzahl der Geologen der österreichischen Reichsanstalt, so begreift auch Süss unter der Bezeichnung „Dachsteinkalk" die ganze Masse heller Kalke zwischen den Hallstädter- und den rothen Lias-Kalken, — „deren versteinerungsführende Zwischenlager Verwandte der kössner Formen führen."

Als eigenthümliche Zwischenglieder im Dachsteinkalk werden hervorgehoben die Lagen mit *Rhynchonella pedata* Bronn., die keine andere Form führen, von dieser aber erfüllt sind. Diese Schichten verfolgt Süss von der „hohen Wand" bei Wiener Neustadt in weiter Verbreitung bis zur Königsbachalp in Bayern, ohne jedoch über ihr Niveau zu vollkommner Gewissheit zu gelangen. (Sie gehören nach Gümbel zu den Hallstädter Schichten.)

Weiter die Lithodendronkalke. „Diese weissen Kalke sind, wie es scheint, von dem Dachsteinkalk durch keine petro-

graphischen Merkmale geschieden. Man wird sie vielleicht als nicht weiter zu trennende, versteinerungsführende Lagen desselben betrachten müssen." Sie sind in den östlichen Alpen noch nicht bekannt, mit Ausnahme zweier Punkte, bei Unken und Aussee. In ihnen finden sich:
Spirifer Muensteri. Dav.
Plicatula intusstriata. Emmr.
Pecten sp. eine köss. Form,
bei Unken auch *Rhynchonella cornigera.* Schfh.

Aus dem letztern Umstande vermuthet Süss, dass auch Schafhäutl's „weisser oolithischer Kalk mit *Rhynch. cornigera*[1]" ein Aequivalent des Lithodendronkalkes sein möchte.

Das Niveau des letzteren wird auch hier als constant unterhalb der schwarzen kössner Schichten liegend angegeben, während zugleich der Megaloduskalk bei Unken und Lofer, wie in Vorarlberg über dieselben gestellt wird.

Eine weitere Einlagerung im Dachsteinkalk, doch ohne bestimmt nachweisbares Niveau bilden gewisse röthliche und gelbliche Kalke, die von Emmrich und Peters beobachtet wurden. Sie sind ganz erfüllt von mehreren *Avicula*arten, welche in den kössner Schichten und in dem Lias andrer Länder häufig sind.

Und endlich fand Lipold in den kössner Schichten am Gois- und Schober-Graben bei Adneth schwarze, sehr bituminöse Schiefer, welche neben *Fischresten* die *Avicula contorta* enthielten. Wie sich diese zu den Seefelder Fischschiefern verhalten, ist noch ungewiss.

Alle die genannten Einlagerungen nun, die Kössner-, Starhemberg-, Lithodendron-, Aviculaschichten und die Lagen mit Rhynchonella pedata bilden nach Süss mit dem Dachsteinkalk, der sie umschliesst, ein zusammengehöriges Ganze, — die Grenzen der Schichten liegen blos in petrographischen Unterschieden.

Am Schlusse der Abhandlung finden wir endlich noch fol-

---

[1] Neue Jahrb. 1853. p. 299.

gende anziehende Betrachtungen über die Bildungsepoche der vorher geschilderten Schichten:

„Die Grenzen des Dachsteinmeeres werden durch die Festländer des Schwarzwaldes, der Vogesen und des Centralplateau's von Frankreich gegeben. Auch die südöstliche Schweiz lag wol trocken, denn das plötzliche Abschneiden aller Liasbildungen auf der Linie des Rheinthales zwischen Chur und dem Bodensee ist durch Escher erwiesen (sic?). Ein weiteres Festland war Böhmen bis zur Donau zwischen Passau und Krems. Eine so grosse benachbarte Festlandsmasse musste auf die Meeresfauna einen Einfluss ausüben .... Die Frage, ob die Centralkette der Alpen schon damals Festland war, ist schwer zu beantworten; die meisten Thatsachen sprechen dawider, — es war jedenfalls nicht zusammenhängend. Auch die Fauna der kössner Schichten bietet keinen Anhalt zu dem Schluss auf ein Festland im heutigen Gebiete der Alpen, ebensowenig wie die petrographischen Charactere des, gerade hier so ausserordentlich reinen Kalkes."

Die gleiche Ansicht haben wir auch bei Studer gefunden.

Aus dem Jahre 1854 ist noch ein Aufsatz von Peters[1]) zu erwähnen, der den wüsten Kalk- und Dolomitdistrict des Saalethales (Nebenfluss der Salzach) behandelt. Der Verfasser unterscheidet darin zwei, durch die kössner Schichten von einander getrennte Niveau's: „Unteren Liaskalk (Alpenkalk) und Dolomit, z. Th. Lithodendronschichten" und oben „Dachsteinschichten," — die letzteren mit *Megalodus trigueter* und *Gasteropoden*auswitterungen — erstere ohne dieselben. Obgleich die petrographische Aehnlichkeit beider ausserordentlich ist, so glaubt Peters doch, dass der wahre „Dachsteinkalk" zwischen den kössner und adnether Schichten keine *Megalodonten* und *Gasteropoden* führe. Dieser Ansicht stelle sich jedoch eine Schwierigkeit entgegen in dem grossen Unterschiede der Mächtigkeit des Dachsteinkalkes südlich und nördlich von der Lofer-Waidringer Spalte,

---

[1]) Dr. K. Peters: Die salzburgischen Kalkalpen im Gebiete der Saale. Jahrb. d. Reichsanst. 1854. p. 116.

dem Achenthal. „Wenn man auch der Umwandlung in Dolomit Rechnung trägt, so erheben sich doch Bedenken gegen die Ansicht, dass die Dachsteinschichten ausschliesslich zwischen den kössner und adnether Schichten eingelagert sind, um so mehr, als Emmrich nicht zu diesem Resultat gelangt ist." Die verschiedene Mächtigkeit des „Dachsteinkalks" nördlich und südlich der Achen erklärt sich leicht, wenn man weiss, dass auf der Nordseite, am Kammerkahrkogel gegen die Loferalm zu die von Westen und Norden heranziehenden kössner Schichten sich vollkommen auskeilen, also an der Südseite der Lofer-Waidringer Spalte nicht erwartet werden dürfen. Was demnach Peters hier als mächtig entwickelten „Dachsteinkalk" ansieht ist die nun nicht mehr durch die kössner Zwischenlagerung getrennte, petrographisch so ähnliche Kalk- und Dolomitmasse des „Dachsteinkalkes" und „untern Alpenkalkes."

Die nun folgenden Jahre bringen uns nur einige kurze Notizen über die kössner Schichten.

1855 finden wir eine solche von Herrn Dr. Gümbel,[1]) die seine damalige Ansicht von der geologischen Stellung der kössner Schichten und des Dachsteinkalkes in den mittlern Lias motivirt. Es wird namentlich auf die innige Verbindung hingewiesen, in der diese Schichten mit denen von Adneth stehen.

Ferner enthält ein Aufsatz von Prof. Pichler[2]) über die östlichen Tiroler Alpen einige kurze Hinweise auch auf unsere Schichten (p. 729), welche am Nord- und Südrande der Aptychenschiefer von der Thiersee an durch das Achenthal in die Bachen und bis hinter das Zem- unn Pfonserjoch nachgewiesen werden, durch reichliche Versteinerungen gut characterisirt und auf einer interessanten Detailkarte (p. 736) genau verzeichnet sind.

In Lyell's Supplementarheft zu seinem Handbuch der Geo-

---

[1]) Gümbel: Mittheilung. Neue Jahrb. 1855. p. 178.
[2]) Ad. Pichler: Zur Geognosie der östlichen Kalkalpen Tirols. Jahrb. d. Reichsanst. 1856. p. 717.

logie[1]) finden wir auf der, p. 20 entworfenen Uebersichtstabelle der alpinen Schichtengebilde blos unter den kössner Schichten einen Dachsteinkalk angegeben, welcher Koralleneinlagerungen *(Lithodendron)*, sowie *Megalodon triqueter* und *Hemicardium Wulfii* führen soll.

Auch 1857 bringt Dr. Gümbel wieder eine Abhandlung[2]) über die Beziehungen der kössner Schichten zu ihren Nachbarn oben und unten. Als wesentlich heben wir folgende Beobachtungen hervor: die kössner Gervillienschichten dürfen mit den echten Cassianbildungen nicht identificirt werden, da der mächtige Hauptdolomit beide von einander scheidet. Was Schlagintweit im Kaisergebirge für kössner Schichten hält, sind die schwarzen Mergel des echten St. Cassian.... Die untergeordnete Einreihung des Hauptdolomits unter die Dachsteinkalke, wozu die Umgegend von Salzburg-Lofer leicht verführt, scheint nicht gerechtfertigt, da überall, wo Gervillienschichten entwickelt sind, der Dachsteinkalk darüber und der Hauptdolomit darunter, deutlich geschieden sind.... Wo die kössner Mergelschiefer fehlen oder in Form festerer Kalksteinschichten auftreten, schliesst sich der Dachsteinkalk enger an den Dolomit durch Uebergänge an, doch eine *Gervillien* führende Zone in diesem Uebergangsgebiet kann immer aufgefunden werden (?). — Unter den kössner Mergelkalken liegt gewöhnlich eine Zone mehr kalkigen, als dolomitischen Gesteins, grau gefärbt, mit vielen kleinen, *Melanien*artigen Schneckchen, die denjenigen aus den kössner Schichten sowie einigen Cassianer verwandt sind, aber stets schlecht als Steinkerne erhalten. (Gümbel's „Plattenkalk" der späteren Schriften.) . . . Die Grestner Schichten scheinen ein Analogon der Pflanzenschichten von der Theta zu sein, da manche Species beiden gemein sind (die Grestner Schichten haben sich in der Folge als Liasgebilde erwiesen).

Der Vollständigkeit wegen erwähne ich hier auch einer ganz

---

[1]) C. Lyell: Supplement to the manual of geology. London 1857.
[2]) C. W. Gümbel: Untersuchungen in den bayrischen Alpen zwischen Isar und Salzach. Jahrb. Reichsanst. 1857. p. 146.

populär gehaltenen Skizze von Prof. Pichler [1]), die (auf p. 31 im Separatabdruck) auch unsere Kalk- und Mergelgebilde berührt. Der Hauptdolomit, die kössner Schichten, der Dachstein- und Lithodendron-Kalk werden hier zum untern Lias gestellt. Der Hauptdolomit nimmt das tiefste Niveau ein, die drei anderen Schichtencomplexe folgen darüber, jedoch in einem, vom Verfasser nicht genauer bezeichneten Niveauverhältnisse. Die Walderalm bei Hall (Innsbruck) und der Ampelsbach im Achenthal (NW vom Sonnwendjoch) werden als neue Fundorte von kössner Petrefacten angeführt, von letzteren werden jedoch nur die Hauptleitformen genannt.

Die Reihe von kleinern Abhandlungen und Broschüren, in denen wir Ansichten und Studien über die Contortazone zerstreut finden, schliesst mit einem Aufsatz von Richthofen [2]), der sich ebenfalls mit der brennenden Frage nach Abgrenzung und Definirung der Begriffe „Dachsteinkalk", „Lithodendronkalk" und „Hauptdolomit" beschäftigt. Der „untere Dachsteinkalk und Dolomit" (= Hauptdolomit und Gümbel's Plattenkalk) besteht nach Richthofen aus dunklen, zuckerkörnigen, dünngeschichteten Dolomitmassen, welche in Vorarlberg alle höheren Bergkuppen und Bergketten zusammensetzen. Die Dachsteinbivalve ist in diesen Schichten weit seltner, als im „obern Dachsteinkalk". Dieser, im Gebiet der Saale bei Salzburg an 600' mächtig, tritt weiter westlich, im Vorarlberg, nur bis zu einer Stärke von 20'— 30' entwickelt, auf. Er besteht aus meist sehr hellgrauen, harten und splittrigen Kalken. In diesem Niveau zeigt sich im obern Lechthal die *Dachsteinbivalve* besonders zahlreich, — im Vorarlberg dagegen, wo *Lithodendren* überwiegen, wird sie selten....

Der soeben erwähnte Aufsatz von Richthofen beschliesst

---

[1]) Pichler: Zur Geognosie von Tirol. Skizze aus dem „Tiroler Boten." Innsbruck 1858.
[2]) v. Richthofen: Die Kalkalpen von Vorarlberg und Nordtirol. Jahrb. Reichsanst. 1859. p. 410.

eine Epoche in der Untersuchung der kössner Gervillienschichten und ihrer nächsten Nachbarn, die hauptsächlich das Verdienst gehabt hat, die Verhältnisse der Stratigraphie dieser Schichtencomplexe in's Klare zu bringen, welche, wenngleich von frühern Autoritäten, wie Escher und Emmrich, in ihrem Normalverhalten erkannt und bestimmt, dennoch bei spätern Untersuchungen an grösstentheils neuen Localitäten, sich nicht immer diesem Normalschema schienen fügen zu wollen.

Mit dem Jahr 1859 beginnt nun aber eine Epoche ganz andrer Art, wol unstreitig die wichtigste für die Kenntniss der Schichten mit *A. contorta*. Bestand die bisherige Literatur, mit Ausnahme der wenigen classischen Werke, fast nur aus Broschüren, Notizen, gelegentliche Bemerkungen u. s. w., die wir uns mühsam zusammenlesen müssen, — so hat jetzt durch die Wichtigkeit, welche die Schichten mit *A. contorta* durch Aufstellung der Parallele zwischen den alpinen kössner Schichten und dem ausseralpinen bonebed erhielten, auch ihre Bearbeitung und die Beschreibung und Abbildung ihrer organischen Reste, mehr Umfang und Bedeutung gewonnen.

Von Dr. Winkler erschienen kurz hinter einander zwei wichtige monographische Abhandlungen über die Schichten mit *Avicula contorta*, jener gerippten, gedrehten *Avicula*, deren Character als Leitform von Oppel und Süss [1]) erkannt worden war. Die erste Arbeit, von 1859 [2]), beginnt mit einer Uebersicht der paläontologischen Einschlüsse der behandelten Schichten, deren Kenntniss durch eine Reihe neuer Formen erweitert wird, die der Verfasser in der Umgebung von Garmisch, am Lahnewiesgraben, hohen Kramer etc. gesammelt hat. Eine sorgfältige Kritik der Species beseitigt zahlreiche Irrthümer und Unsicherheiten, — doch sind eigene Irrthümer nicht ausgeschlossen; so gehören

---

[1]) Oppel und Süss: Ueber die muthmasslichen Aequivalente der kössner Schichten in Schwaben. Sitzber. d. k. k. Ak. 1856. Bd. 21, p. 535.
[2]) Winkler: Die Schichten mit Avicula contorta inner- und ausserhalb der Alpen. München 1859.

Psephoderma alpinum H. v. Meyer und
Rhynchonella pedata Bronn.
in die Hallstädter Schichten.
gen. Euomphalus und
gen. Lima
beide vom Lahnewiesgraben angegeben, bedeuten
Pleurotomaria polita Sow. und
Lima tuberculata Terq.
aus dem Lias vom Gastädter Graben. Auch
Gryphaea inflata Schfh. und
Plicatula rugoso-plicata Schfh.
sind nach Winkler's eigner späterer Angabe[1]) zu streichen. Nach dieser paläontologischen Uebersicht gibt Winkler die Entwicklung der stratigraphischen und geologischen Verhältnisse der Schichten mit *Avicula contorta*, sowie auch einen kurzen historischen Rückblick auf die bisherigen Bestrebungen und Errungenschaften, wobei auch die Literatur in kurzer prägnanter Weise resumirt wird. Es folgt dann die Darlegung der Ergebnisse der eignen Forschungen des Verfassers, die Vergleichung und der Nachweis der innigen Verwandtschaft der alpinen und ausseralpinen Fauna unserer Schichten und schliesslich die Discussion über die geologische Stellung derselben, deren Resultat, bei der Alternative Lias-Keuper eine entschiedene Einreihung der Contortaschichten in den obersten Keuper ist.

Fast ganz denselben Gang finden wir in Winkler's zweitem Werke[2]) wieder. Die Beschreibung zahlreicher neuer Petrefactenspecies von der Kothalpe am Wendelstein und Breitenstein bei Fischbachau und vom Lahnewiesgraben bei Garmisch bildet den Anfang, und es schliesst sich daran eine eingehende, weit greifende Discussion über den Werth und die Haltbarkeit der Gründe die von französischen und italienischen Geologen, namentlich Stoppani als Beweise des liassischen Characters der Schichten

---

[1]) Winkler: Oberkeuper, Separatabdr. p. 51.
[2]) Winkler: Der Oberkeuper, nach Studien in den bayrischen Alpen. Zeitschr. d. geol. Ges. 1861, Bd. 13. p. 458.

mit *Avicula contorta* angeführt werden. Winkler macht hiebei darauf aufmerksam, dass wenn man Beziehungen zu jüngeren Formationen suche, man da weit mehr verwandte Formen im braunen Jura, als im Lias finden könne. Was im Gegentheil die älteren Formationen betrifft, so finden sich Verwandte der kössner Formen in den Schichten von Raibl, St. Cassian und Hallstadt, sowie im ausseralpinen Hauptmuschelkalk. Nur wenige Species weisen auf viel ältere Bildungen, — Zechstein, Kohlengebirge etc. — hin. Da es nun unnatürlich erscheint, über die Liaskluft hinweg, eine Verwandtschaft nach oben vorauszusetzen, die nach unten gegen den Keuper, ohne Sprung, in ruhiger Entwicklung sich bemerklich macht, so zieht Herr Winkler den Schluss, man habe die Schichten mit *Avicula contorta* dem Keuper als oberste Stufe anzureihen.

Dasselbe Resultat über die geologische Stellung unserer Schichten geben auch die zum Theil gleichzeitigen, aber weit umfangreicheren Beobachtungen und Studien von Herrn Bergrath Gümbel.[1]) Mit erstaunlicher Ortskenntniss auf dem so schwierig zu begehenden, coupirten Terrain in den bayrischen und angrenzenden Tiroler Alpen, schildert der Verfasser die complicirte Verbreitungsart der Contortaschichten in genauestem Detail, ohne der Uebersichtlichkeit dadurch zu schaden. Die Stratigraphie wird durch zahlreiche genaue Profile überall erläutert, wo ihre Erklärung einige Schwierigkeiten bietet und auch auf das Characteristische im Wechsel der petrographischen Charactere ist überall Rücksicht genommen. Auch die Paläontologie geht nicht leer aus, — sie wird durch eine bedeutende Anzahl neuer Arten vermehrt, worunter nicht wenige evidente Verwandte von St. Cassianformen. Das meiste Neue stammt von Kössen und von der Kammerkahr oder ist von den 143 Localitäten zusammengetragen, die der Verfasser speciell ausgebeutet hat. Der „Dach-

---

[1]) Gümbel: Geognostische Beschreibung von Bayern. I. Abthl. Das bayr. Alpengebirge: Obere Abtheil. des Keupers der Alpen. Separatabdruck. Gotha 1861.

steinkalk" mit *Megalodon triqueter* und *Korallen* wird wegen seiner Fauna mit den kössner Schichten, über welchen er liegt, als oberer kalkiger Theil verbunden, Dachsteinkalk und kössner Schichten ebenfalls wegen des Characters der Fauna, dem Keuper als oberste Stufe angereiht, nachdem die entgegenstehenden Bedenken der französischen und österreichischen Geologen eingehend widerlegt worden. Uebrigens geht noch aus dieser umfassenden Arbeit hervor, dass, wie wir schon früher andeuteten, die kössner Schichten am Nordrande der Alpen keine solche Scheidung in zwei petrographisch und paläontologisch getrennte Niveau's, wie in der Lombardei, erkennen lassen. Härtere und weichere Schiefer- und Kalkzonen wechseln an den verschiedenen Localitäten auf's verschiedenste; auch ohne dass es bisher gelingen wollte, paläontologisch verschiedene Niveau's in bestimmter Lagerungsfolge zu fixiren.

Hand in Hand mit dem classischen Werke Gümbel's über die geognostischen Verhältnisse Bayerns, geht die Ausarbeitung der grossen geologischen Detailkarte von Bayern von demselben Verfasser, auf welcher wir natürlich auch die Contortaschichten, und zwar getrennt in kössner Schichten und Dachsteinkalk in ihrer verwickelten Verbreitungsart verfolgen können. Auf diese Karten muss unbedingt Jeder verwiesen werden, der über die Art und Weise des Auftretens unserer Zone in den Alpen ein Urtheil gewinnen will, denn auf meinem kleinen Kärtchen konnte wegen des zu kleinen Massstabes kaum ein allgemeines Schema dieses Verhaltens gegeben werden.

Die neueste Arbeit von Gümbel die unser Thema berührt, ist eine interessante Studie über die *Dachsteinbivalve*[1]) und ihre Verwandten, deren wir 4 kennen lernen, in verschiedenen Niveau's zwischen Hallstädter und (oberem) Dachsteinkalk vertheilt.

Der *Megalodon triqueter*, Gümbel (Wulfen sp.), die häufigste Bivalve des Dachsteinkalks, variirt, wie wir hier erfahren, nicht

---

[1]) Gümbel: Die Dachsteinbivalve und ihre alpinen Verwandten. Sitzungsber. d. k. b. Akad. d. Wiss. 1862. Bd. 45. p. 325.

nur in den Verhältnissen von Länge, Breite und Höhe, sowie in der Grösse bedeutend, sondern sie nimmt auch durch die verschiedenen Erhaltungszustände als Steinkern oder in verschiedenen Stadien der Abwitterung sehr wechselnde Formen an. Gleichwol möchte aber doch in der Reihe von Identificationen, die wir bei Gümbel finden, mancher Name zu streichen sein, unter anderen gewiss ein Theil der *gros Cardium* der italienischen Geologen. Der in nächster Zeit zu erwartende Schluss der 2. sér. der paléontologie lombarde, pétrifications de l'Azzarola, von Prof. Stoppani wird uns zeigen, was für ganz verschiedene Formen wir unter dieser zu allgemeinen Bezeichnung zu verstehen haben. Obgleich Gümbel's ausgebreitete Forschungen dagegen zu sprechen scheinen, kann ich mich bei der grossen Aehnlichkeit der Contortaschichten in den Nordalpen und in der Lombardei, der Vermuthung nicht verschliessen, dass es auch dort mit der Zeit gelingen werde, jene interessanten abweichenden Gestalten der *gros Cardium* aufzufinden, die z. Th. auch die spärliche Fauna des Hauptdolomits um ein paar characteristische, wichtige Arten vermehren.

Bei der in mehr als einem Falle noch mangelnden vollkommenen Sicherheit in Vergleichung von nord- und südalpinen Petrefacten ist es begreiflich, warum die Parallelstellung der Schichtenfolge hier und dort bei Gümbel oft nicht unerheblich von der, von Stoppani angenommenen Parallelisirung abweicht. Die Differenz, durch verschiedenes stratigraphisches Verhalten beiderseits noch unterstützt, betrifft speciell jene versteinerungsführenden Horizonte der Lombardei, die man aus Stoppani's werthvollen Arbeiten unter dem Namen der „Esinobildungen" und der „Gruppe von Gorno und Dossena" kennt. Während nun Gümbel eine unmittelbare Uebereinanderlagerung dieser beiden Horizonte als Aequivalente der Hallstädter und Raibler versteinerungsführenden Schichten annimmt, stellt Stoppani die Schichten von Gorno und Dossena parallel den Partnachschichten zur Lettenkohle — die Esinoschichten, als Einlagerung, in den Hauptdolomit (dolomie moyenne, unterer Dachsteinkalk).

Es bleibt die Aufgabe späterer, sorgfältig vergleichender Untersuchungen, zu entscheiden, welche von beiden Ansichten die richtigere ist, — für uns hat diese Frage jetzt nur einen untergeordneten Werth, — wir machen auf die beregten Bildungen blos in so fern aufmerksam, als wir in ihnen und ihren organischen Einschlüssen die natürlichsten Vergleichungspuncte, die nächsten Verwandten für die Formen der alpinen Contortaschichten erkennen.

Nach der lichtvollen und geistreichen Auffassung Gümbel's können wir jene gewaltigen Kalk- und Dolomitmassen unterhalb der rothen Liaskalke von Adneth, jene einförmigen, wegen ihrer trostlosen Armuth an organischen Ueberresten lange unter dem Namen „Alpenkalk" unerforscht bei Seite gelassenen hie und da mit Koralleneilanden durchwirkten Gebirge gerne als ein Ganzes und seinen petrographischen Characteren, als seiner Entstehungsart nach Gleichartiges und Zusammengehöriges betrachten. In dieser öden gleichartigen Masse nun hat die neuere Forschung uns mehrere versteinerungsführende, meist mergelige Lagen kennen gelehrt, die als wahre Oasen, als sichere Horizonte in der Kalkwüste dienen können.

Die Schichten von Hallstadt, Raibl und Kössen, jede mit einer selbstständigen ausgezeichneten, characteristischen Molluskenfauna versehen, zeigen in derselben dennoch eine Verwandtschaft und eine allmälige Entwicklung der Organismen, wie sie bei aufeinanderfolgenden Formationsgliedern naturgemäss und gar nicht anders zu erwarten ist. Der Character sämmtlicher 3 Faunen ist ausgesprochen triassisch, der oberste, jüngste Horizont, jener von Kössen — ebenfalls ganz naturgemäss mit zahlreichen Andeutungen und Uebergängen zum Lias versehen, doch darum nicht minder als echter oberer Keuper characterisirt.

Ehe wir jedoch ganz auf das Thema der geologischen Stellung der Contortaschichten eingehen, müssen wir die wenigen, nun noch übrigen Erscheinungen in der dieselben betreffenden Literatur vollends besprechen.

Zunächst haben wir demgemäss eine kurze Notiz von Prof. Pichler[1] zu erwähnen, die das schon bekannte Verbreitungsfeld

---

[1] Ad. Pichler: Zur Geognosie Tirols. Jahrb. d. Reichsanst. 1862. p. 531.

unserer Zone wieder um einen guten Strich vergrössert, nemlich die schmale Region, die von der schon früher erwähnten Walderalm bei Hall (Innsbruck) über das Hochgebirge oberhalb Kloster Ficht durch das Stallenthal bis zum Lamsenpasse und der Binsalm sich hinzieht. Einer versprochenen weitläufigern Behandlung des Gegenstandes sehen wir noch entgegen.

Von Prof. Schafhäutl[1]) ist 1863 ein umfassendes Werk über alpine Paläontologie erschienen, in welchem neben älteren und jüngeren Formationen, neben den Partnachpetrefacten und den oft microscopischen Formen aus dem Kalke der Zugspitz und des Wettersteins, neben manchen räthselhaften Gestalten aus dem Hauptdolomit und den schönen Petrefacten aus dem Lias verschiedener Localitäten, hauptsächlich aber den Nummulitenbildungen vom Kressenberg (Teisenberg) bei Traunstein, — natürlich auch die Formen der Contortazone, besonders die aus dem Dachsteinkalk (dem obern) vom Hochfellen in genauer Beschreibung und meist gelungener Abbildung ihren Platz gefunden haben.

Die Petrefacten vom Hochfellen, zwar verkieselt aus dem weissen Kalk hervorragend, sind dennoch meist so corrodirt und defect, dass sie in ihrer mangelhaften Erhaltung dem Paläontologen die mannigfachsten Schwierigkeiten bei ihrer Entzifferung bieten. Er kann hier leicht eine Reihe der verschiedensten Formen vor sich haben ohne im Stande zu sein, dieselben mit schon bekannten Arten aus anderen Formationen zu identificiren (natürlich unter Identificiren nicht das Andeuten einer blossen Aehnlichkeit verstanden) noch auch sie als neue Species hinzustellen, da ihm hiezu genügende innere oder auch blosse Oberflächencharactere mangeln. Herr Prof. Schafhäutl hat dennoch in kleinen und der Abbildung nach oft sehr unvollständigen Schalentheilchen die bekannten Brachiopoden aus dem schwäbischen Jura wieder zu erkennen geglaubt, wie

Terebratula numismalis lagenalis Qstd. (Lias $\alpha-\gamma$)

---

[1]) Schafhäutl: Südbayerns Lethea geognostica. München. 1863. 2 Bde. 4⁰.

Terebratula cornuta scalprata Qstd. (Lias δ)
  ,,   *perovalis* Sow. (br. Jura δ)
Rhynchonella scalpellum Qsdt. (Lias γ)
  ,,   *plicatissima* Qstd. (Lias β)
  ,,   *obsoleta* Dav.
  ,,   *bidens* Phill. (Lias δ)
  ,,   *quadriplicata* Ziet. (br. Jura δ)
* *Spirifer verrucosus laevigatus* Qstd. (Lias γ)
  ,,   *canaliculatus* Qstd.
Ferner von *Gasteropoden*
  Pleurotomaria polita Sow. (Lias α)
    ,,   *precatoria* Deslg.
    ,,   *tuberculato-costata* Mstr. (Lias α)
    ,,   *principalis* Mstr.
    ,,   *subfasciata* d'Orb
  Trochus biarmatus Mstr.
    ,,   *nudus* Mstr.
    ,,   *glaber* Koch.
*   ,,   *subsulcatus* Mstr.
* *Straparollus subaequalis* d'Orb
  Turbo anchurus Mstr.
    ,,   *duplicatus* Sow.
  Phasianella parvula Morr. u. Lyc.
  Acteonella Vibrayana d'Orb.
  Pyramidella tornatilis d'Orb.
    ,,   *canliculata* d'Orb.
  Ceritella sp. Morris (Gr. Ool.)
und endlich unter den *Pelecypoden*
  * *Pecten lens* Gdf.
  * *Astarte subcarinata* Mstr.

Vielleicht sollen wir in mancher dieser Bestimmungen blosse Aehnlichkeiten, Annäherungen verstehen, denn man weiss, wie schwer überhaupt alpine Vorkommnisse sich mit ausseralpinen absolut identificiren lassen, — auch glaubte ich in einigen der citirten Formen, den mit einem * versehenen, solche Species zu erkennen die bereits unter einem besonderen Namen von verschiedenen Autoren aus Contortaschichten beschrieben wurden (s. das nachfolgende Prodrome) und von so manchen der anderen zeigt eine Vergleichung der Schafhäutl'schen Figur mit der Species, deren Namen ihr zugewiesen wird, dass eine wirkliche Identität doch wol nicht gut anzunehmen ist. Da meine aufgestellten Vermuthungen über diesen Punkt indessen nicht zur Gewissheit gediehen sind, so habe ich die betreffenden Species in dem angeführten prodrome vorläufig noch mit einem cf. (confer) versehen, eingereiht.

Ausser den eben besprochenen interessanten Vergleichen mit schon bekannten Species enthält die Lethea jedoch noch eine wichtige Reihe neuer Arten wie jene, meist aus dem Dachsteinkalk vom Hochfellengipfel, die zusammen die paläontologische Kenntniss der Contortaschichten um ein bedeutendes vervollständigen, so manche Lücke ausfüllen.

Zunächst ist nun noch eine kurze Notiz von Dr. Winkler[1]) zu erwähnen, die uns von dem Funde eines echten
Ammonites angulatus und einer
Avicula inaequivalvis,
aus den kössner Schichten berichtet. Ersterer stammt vom Rossstein bei Tegernsee, letztere von Hindelang. Beide echte Liasformen veranlassen Herrn Winkler zu gewichtigen Bedenken gegen die Keupernatur der kössner Schichten, die er nunmehr dem Lias zuzutheilen geneigt ist.

Von Herrn v. Alberti[2]) ist soeben ein umfassendes Werk über die Triasformationen erschienen, in welchem die interessante Parallelisirung alpiner Trias-Horizonte mit ausseralpinen Bildungen angebahnt wird. In Betreff der Begrenzung unseres kössner Horizontes schliesst sich Herr v. Alberti den Ansichten Richthofens an. Er nimmt die kössner Mergelschieferzone als Einlagerung im Dachsteinkalk. Der untere Dachsteinkalk ist unser Hauptdolomit, der obere unser

---

[1]) Winkler: Mittheilungen in Neue Jahrb. 1863 p. 810.
[2]) Dr. Friedrich von Alberti: Ueberblick über die Trias, mit Berücksichtigung ihres Vorkommens in d. Alpen. Stuttgart 1864.

Megaloduskalk. Beide führen nach v. Alberti den *Megalodus triqueter*. Wulfen. (Also keine Verschiedenheit der Spezies in beiden Dachsteinkalkniveau's.)

Die vorliegende kurze Uebersicht der Literatur der Nordalpinen Contortaschichten hat uns dieselben an mannigfachen Localitäten unter den verschiedensten Bedingungen, auf das verschiedenste sowol stratigraphisch als paläontologisch, entwickelt erkennen lassen. Aber dennoch stellte sich bei allen Wechseln stets eine gewisse feste Beständigkeit in den Hauptmomenten heraus, — überall haben wir die Supraposition von deutlich geschichteten versteinerungsreichen Mergeln und Mergelkalken und der daraufolgenden, meist sehr versteinerungsarmen reinen Kalke und theilweis Dolomite, die in ihrer Gesammtheit gewöhnlich miteinander entwickelt, zwischen dem Hauptdolomit und den rothen Liaskalken von Adneth ihre beständige Lage einnehmen. Auch in den Alpen, wie überall ausserhalb derselben orientirt uns darin paläontologisch, bei local nicht selten wechselnder Entwicklung der Fauna stets die *Avicula contorta*, meist im Bunde mit den verschiedenen *Gervillien*. Und eben diese selben constanten Hauptcharactere zeigen sich uns wieder ausserhalb des Alpengebietes, im nördlichen Ungarn, am Südrande der Karpathen, wo nach der weiten Unterbrechung durch die jüngeren Gebilde des Donauthals unsere kössner Schichten mit bekannter äusserer Physiognomie uns im mittlern und obern Waagthale wieder begrüssen. Dieser specifisch alpine Character der ungarischen Contortaschichten nöthigt uns, die Darstellung der dortigen Verhältnisse, als Anhang, der Beschreibung der alpinen Vorkommnisse zuzureihen.

Unsere Gewährsmänner in diesen fernen Regionen sind v. Hauer, Stur und Richthofen, deren Untersuchungen sämmtlich auf das Jahr 1859 fallen.

Die interessante und detailirte Skizze von Stur[1] über kössner Schichten im NW von Ungarn schildert uns dieselben im

---

[1] D. Stur: Ueber die kössner Schichten im nordwestlichen Ungarn. Sitzber. k. k. Akad. d. Wiss. 1859 Bd. 38 p. 1006.

oberen und mittleren Waagthale. Hier sind unsere Gebilde in der ganzen, zwischen den crystallinischen Ketten der Karpathen und des Schemnitzer Gebirges liegenden Mulde die wahrscheinlich ununterbrochene Basis der jüngeren Ablagerungen und zwar meist der Neocomgruppe; nur an wenigen Stellen finden wir Liasfleckenmergel über den Contortaschichten entwickelt. Die Contortabildungen ihrerseits liegen entweder unmittelbar auf den crystallinischen Schiefern oder auf rothen Sandstein (Buntsandstein) oder endlich auf Dachsteinkalk (Hauptdolomit). Da sie meistens von den jüngeren Formationen verdeckt sind, so gelingt der Nachweis ihres Anstehens oft nur an einzelnen isolirten Punkten, selbst die Schichtenränder lassen sich nicht wie in den Alpen über grössere Strecken hin verfolgen.

Herr Dr. Stur beschreibt das Auftreten der kössner Schichten im NW Ungarn nach drei Linien, die in WOlicher Richtung nebeneinander verlaufen und so die erwähnte, NO-SW liegende Mulde quer durchschneiden. Naturgemässer vielleicht wäre es gewesen, die Aneinanderreihung der Lokalitäten nach ihrer resp. Lage am Rande des älteren Gebirges in vorwaltend SW-NOlicher Richtung anzugeben.

Die erste, südlichste Linie erstreckt sich von Smolenitz, am Fusse der „kleinen Karpathen, die ein Verbindungsglied zwischen den Alpen und den eigentlichen Karpathen bilden," nach Osten hin zum S und SO Fuss des Inowecgebirges, auf dem linken Ufer der Waag und reicht bis nahe an das rechte Neutraufer zwischen Gr. Topolczan und Oczlan. Diese Richtung des Zuges ist wie gesagt, nur in isolirten Aufschlusspunkten angedeutet.

Die zweite mittlere Reihe, wieder von W nach O verfolgt, beginnt bei Sobolist (SO von Skalitz) am Fusse des mährischen Grenzgebirges, berührt nach einer weiten Unterbrechung durch jüngere Schichten Bohuslavitz, nördl. von Neustadtl an der Waag und setzt an dem linken Ufer dieses Flusses über Krivosud bis in die Nähe (N) von Baan fort.

Endlich die dritte, nördlichste Gruppe von Vorkommnissen der kössner Schichten, ist in den Comitaten Turocz und Liptau vertheilt zwischen Hadwiga (Turocz) und Donowal (Liptau, an der Grenze des Sohler Comitates). Fast in der Mitte dieses Striches, auf der Grenze von Liptau und Turocz in einem Engpass der Waag NW von Rosenberg liegt die wichtigste Stelle, ein reicher Fundort von characteristischen Petrefacten. Zu tausenden findet man hier:

Terebratula gregaria Ss.
Spirifer Muensteri (Dav.)
Lima gigantea (Desh.)
Plicatula intusstriata Emmr.

in einem System von wechsellagernden dünnen (3″) schwarzen Kalkbänken und grauen Mergeln.

Nach petrographischen und paläontologischen Unterschieden führt Herr Stur in den ungarischen Contortaschichten eine interessante Trennung in 2 Niveau's durch, die, hier in ihren stratigraphischen Beziehungen zwar noch nicht nachgewiesen, doch eine gewisse Beziehung mit den, von Prof. Oppel in Schwaben unterschiedenen Sandsteinen unter und über dem bonebed nicht verkennen lassen.

Die „lichtgraue Facies", aus hellen, mit gelben ockrigen Stellen punctirten Kalken zusammengesetzt, führt neben
(stellweis) *Crinoiden:*

Cardium austriacum v. Hau.
* *Neoschizodus posterus* Qu.
Gervillia inflata Schfh.
* *Mytilus minutus* Gdf.
Terebratula gregaria Ss.

sie würden daher, wegen der beiden, durch * markirten Species, die Fauna unter dem bonebed repräsentiren.

Die andere, „die dunkelgraue oder schwarze Facies" (schwarze Kalkschiefer, mit grauen Mergeln wechselnd) enthält

Chemnitzia sp.
Avicula contorta Portl.
* *Cardium rhaeticum* Mer.
Lima gigantea (Desh.)
Pecten Valoniensis (Tqm.)
Plicatula intusstriata Emmr.
Ostrea Haidingeriana Emmr.

Waldheimia norica Ss.
Terebratula gregaria Ss.
Spirifer Muensteri (Dav.)
und könnte wegen *Cardium rhaeticum* auf das obere Niveau schliessen lassen. Der Verfasser deutet übrigens nur die Möglichkeit der erwähnten Parallele an, ohne sie als erwiesen zu betrachten. Der Gegenstand ist gewiss interessant genug, um weitere Vergleiche wünschenswerth zu machen, deren Resultate dann zugleich auf die Alpen ein erwünschtes Licht zu werfen geeignet wären, wo es bei der gewaltigen Entwicklung der Contortaschichten doch noch so ganz an paläontologisch bestimmten Horizonten mangelt.

Das Alter der kössner Schichten bestimmt Stur nach ihrem Auftreten in Ungarn, (meist gleich über rothem Sandstein) entschieden als liassisch. Das Festland der Karpathen, das augenscheinlich seit der Buntsandsteinformation trocken gelegen, sei in Folge einer plötzlichen gewaltigen Niveaustörung kurz vor der kössner Periode unter dem Meeresspiegel versunken und deutete durch die Grösse dieser Umwälzung den Beginn einer neuen, der Liasperiode an.

Diesem Argument liesse sich leicht die andere Betrachtung entgegensetzen, dass nach Ablagerung der Contortaschichten in diesem Gebiet eine ebenso gewaltige Emersion stattgefunden habe, in Folge deren an den meisten Localitäten über den kössner Schichten die ganze Formationsreihe bis zur Neocomzeit folgt, — eine Niveaustörung, die ebensowol wie die vorige an den Eintritt einer neuen Epoche, aber nach der Ablagerung der kössner Schichten denken lässt, wenn man einmal auf Niveauveränderungen als Merkzeichen einer „neuen Ordnung der Dinge" einen, vielleicht nicht genug gerechtfertigten Werth legen will. Wir müssen indess bemerken, dass beide Hypothesen in ihren Prämissen nicht vollkommen richtig sind. Die kössner Schichten in Ungarn liegen ja nicht überall auf buntem Sandstein, noch werden sie überall erst von den Ablagerungen der Neocomzeit bedeckt, und gerade der mittlere der vorhin beschriebenen 3 Züge gibt uns ein Beispiel sowol vom Anstehen des „Dachsteinkalkes" (Aequivalent des Hauptdolomits) als der Adnether Kalke über denselben. Ersteres findet nach Stur am Srnanski Haj bei Bohuslawitz, nördlich von Neustadtl, letzteres bei Schloss Branc SO von Skalitz am Fusse des mährischen Grenzgebirges statt und wir ersehen daraus, dass das Gebiet der Karpathen zu allen Zeiten mehr oder weniger ausgebreiteten Niveauveränderungen unterworfen war.

Die letzten östlichsten Punkte, in denen wir Contortaschichten bis jetzt kennen, sind von den Herrn v. Hauer und Richthofen[1]) angegeben. Sie liegen im NO Ungarns und zwar 1) südwestlich von Hanusfalva, südlich von Keczer Palvagas am Abhange des Soovárer-Gebirges, 2) bei der Burg Czisva Alva im NO von Varanno, westlich bei Tavarna am Inoczberg und 3) im Süden von Homonna im Laborczthal. Das dunkelgraue Mergelkalkgestein der beiden ersten Localitäten ist versteinerungsleer, an den letzten, wo wechsellagernde Mergel und Kalke bedeutende Mächtigkeit erlangen, kommen auch Petrefacten vor.

Im allgemeinen, besonders in dem Stur'schen Untersuchungsgebiet, erreichen die ungarischen Contortaschichten nirgend jene ungeheure Entwicklung, wie in den Alpen. Ihre Stärke übersteigt selten 10, im NW nie 20 Fuss. Da dennoch die Verbindung des Meeres, in dem sie sich bildeten, mit dem alpinen Contortameer sehr wahrscheinlich ist, so können wir die geringe Mächtigkeit der ungarischen Contortaschichten wol nur durch eine frühzeitigere Entrückung derselben aus dem Schoosse des Meeres erklären, — eine Annahme, die durch das gänzliche Fehlen des oberen Dachsteinkalks über unseren Gebilden nicht wenig an Halt gewinnt.

---

[1]) v. Hauer u. Richthofen: Bericht über die geol. Uebersichtsaufnahme im NO Ungarn. Jahrb. Reichsanst. 1859 p. 399 (409).